대한민국 조리기능장 고수가 만들었다
이 책의 1회독이 한방에 합격을 좌우한다

세계가 열광하는 K-food의 첫걸음
한식조리기능사로부터 시작된다

2026 2027 2028

공단 출제기준

경록

한방에 합격하는—

조리기능사
공단 출제기준
한식 실기

임인숙 최미숙 전언희 오수진 이희정 임정숙

합격비법
기출문제 공개

Smartphone 등

33개
메뉴별
레시피 공개

경록 홈페이지 접속

대한민국
1등
onlyone
1957~ 전통과 축적된 노하우
중앙일보·조선일보·한국일보
브랜드선호도
1위

대한민국 전통식계의 뉴패러다임을 이끈 onlyone경록 전문성
SINCE1957

K 경록

머리말

한식은 오랜 역사 속에서 시대의 변화에 맞추어 꾸준히 발전해 왔습니다. 그 흐름 속에서도 변하지 않은 핵심은 '밥을 중심으로 한 식사법'입니다. 한식의 가장 큰 특징은 밥을 중심으로 국·찌개, 김치·나물류, 생선·불고기 등 다양한 재료와 조리법을 조화롭게 곁들여 섭취한다는 점입니다. 이러한 균형 잡힌 식사 구조는 맛은 물론 영양까지 함께 챙길 수 있어 오늘날 '건강한 음식'이 주목받는 시대적 요구와도 잘 맞닿아 있습니다. 최근 세계 곳곳에서 K-푸드에 대한 관심이 높아지며 한식이 세계인의 식탁으로 확장되고 있는 것도 이러한 장점이 널리 인정받았기 때문입니다.

한식을 세계적 요리로 발전시키고 다양한 국가의 음식과 경쟁력을 갖추기 위해서는 무엇보다도 한식의 기본 원리를 이해하고 정확한 조리법을 익히는 것이 중요합니다. 이 책은 한국음식에 관심이 있는 일반 독자뿐만 아니라 한식조리기능사 자격증을 준비하는 예비 조리사들이 보다 쉽게 조리 과정을 익힐 수 있도록 구성되었습니다. 실제 조리 현장에서 필요한 단계별 절차를 사진으로 자세히 수록하고, 이해를 돕기 위한 설명을 곁들여 실전 완성도를 높이고자 하였습니다.

또한 20여 년의 시험감독 경험과 한식조리기능사 실기시험의 채점 기준을 토대로, 수험자들이 두 가지 과제를 제한된 시간 안에 완성할 수 있도록 실질적 전략을 제시하였습니다. 더불어 33가지 대표 과제의 채점 요소를 면밀히 분석하여 축적된 노하우를 제공함으로써 학습 효율을 극대화하고자 하였습니다.

이 책의 집필과 제작에 도움을 주신 모든 분들께 깊은 감사의 마음을 전합니다. 이 책이 한식 조리기능사를 준비하는 분들에게 든든한 길잡이가 되어, 좋은 성과와 함께 더 넓은 무대에서 한식을 빛낼 수 있는 계기가 되기를 바랍니다.

출제기준 (실기)

직무 분야	음식서비스	중직무 분야	조리	자격 종목	한식조리기능사	적용 기간	2026. 1. 1 ~ 2028. 12. 31.

○ **직무내용** : 한식메뉴 계획에 따라 식재료를 선정, 구매, 검수, 보관 및 저장하며 맛과 영양을 고려하여 안전하고 위생적으로 음식을 조리하고 조리기구와 시설관리를 수행하는 직무이다.

○ **수행준거** : 1. 음식조리 작업에 필요한 위생관련 지식을 이해하고, 주방의 청결상태와 개인위생·식품위생을 관리하여 전반적인 조리작업을 위생적으로 수행할 수 있다.
          2. 한식조리를 수행함에 있어 칼 다루기, 기본 고명 만들기, 한식 기초 조리법 등 기본적인 지식을 이해하고 기능을 익혀 조리업무에 활용할 수 있다.
          3. 쌀을 주재료로 하거나 혹은 다른 곡류나 견과류, 육류, 채소류, 어패류 등을 섞어 물을 붓고 강약을 조절하여 호화되게 밥을 조리할 수 있다.
          4. 곡류 단독으로 또는 곡류와 견과류, 채소류, 육류, 어패류 등을 함께 섞어 물을 붓고 불의 강약을 조절하여 호화되게 죽을 조리할 수 있다.
          5. 육류나 어류 등에 물을 많이 붓고 오래 끓이거나 육수를 만들어 채소나 해산물, 육류 등을 넣어 한식 국·탕을 조리할 수 있다.
          6. 육수나 국물에 장류나 젓갈로 간을 하고 육류, 채소류, 버섯류, 해산물류를 용도에 맞게 썰어 넣고 함께 끓여서 한식 찌개를 조리할 수 있다.
          7. 육류, 어패류, 채소류 등의 재료를 익기 쉽게 썰고 그대로 혹은 꼬치에 꿰어서 밀가루와 달걀을 입힌 후 기름에 지져서 한식 전·적 조리를 할 수 있다.
          8. 채소를 살짝 절이거나 생것을 양념하여 생채·회 조리를 할 수 있다.

실기검정방법	작업형	시험시간	70분 정도

실기과목명	주요항목	세부항목	세세항목
한식 조리 실무	1. 음식 위생관리	1. 개인위생 관리하기	1. 위생관리기준에 따라 조리복, 조리모, 앞치마, 조리안전화 등을 착용할 수 있다. 2. 두발, 손톱, 손 등 신체청결을 유지하고 작업수행 시 위생 습관을 준수할 수 있다. 3. 근무 중의 흡연, 음주, 취식 등에 대한 작업장 근무수칙을 준수할 수 있다. 4. 위생관련법규에 따라 질병, 건강검진 등 건강상태를 관리 하고 보고할 수 있다.
		2. 식품위생 관리하기	1. 식품의 유통기한·품질 기준을 확인하여 위생적인 선택을 할 수 있다. 2. 채소·과일의 농약 사용여부와 유해성을 인식하고 세척할 수 있다.

실기과목명	주요항목	세부항목	세세항목
			3. 식품의 위생적 취급기준을 준수할 수 있다. 4. 식품의 반입부터 저장, 조리과정에서 유독성, 유해물질의 혼입을 방지할 수 있다.
		3. 주방위생 관리하기	1. 주방 내에서 교차오염 방지를 위해 조리생산 단계별 작업 공간을 구분하여 사용할 수 있다. 2. 주방위생에 있어 위해요소를 파악하고, 예방할 수 있다. 3. 주방, 시설 및 도구의 세척, 살균, 해충·해서 방제 작업을 정기적으로 수행할 수 있다. 4. 시설 및 도구의 노후상태나 위생상태를 점검하고 관리할 수 있다. 5. 식품이 조리되어 섭취되는 전 과정의 주방 위생 상태를 점검하고 관리할 수 있다. 6. HACCP 적용업장의 경우 HACCP 관리기준에 의해 관리할 수 있다.
	2. 음식 안전관리	1. 개인안전 관리하기	1. 안전관리 지침서에 따라 개인 안전관리 점검표를 작성할 수 있다. 2. 개인안전사고 예방을 위해 도구 및 장비의 정리정돈을 상시 할 수 있다. 3. 주방에서 발생하는 개인 안전사고의 유형을 숙지하고 예방을 위한 안전수칙을 지킬 수 있다. 4. 주방 내 필요한 구급품이 적정 수량 비치되었는지 확인하고 개인 안전 보호장비를 정확하게 착용하여 작업할 수 있다. 5. 개인이 사용하는 칼에 대해 사용안전, 이동안전, 보관안전을 수행할 수 있다. 6. 개인의 화상사고, 낙상사고, 절단사고, 전기사고, 화재사고, 근육팽창과 골절사고 등 사고 예방을 위해 주의사항을 숙지하고 실천할 수 있다. 7. 개인 안전사고 발생 시 신속 정확한 응급조치를 실시하고 재발 방지 조치를 실행할 수 있다.
		2. 장비·도구 안전작업하기	1. 조리장비·도구에 대한 종류별 사용방법에 대해 주의사항을 숙지할 수 있다. 2. 조리장비·도구를 사용 전 이상 유무를 점검할 수 있다. 3. 안전 장비류 취급 시 주의사항을 숙지하고 실천할 수 있다. 4. 조리장비·도구를 사용 후 전원을 차단하고 안전수칙을 지키며 분해하여 청소할 수 있다. 5. 무리한 조리장비·도구 취급은 금하고 사용 후 일정한 장소에 보관하고 점검할 수 있다.

실기과목명	주요항목	세부항목	세세항목
			6. 모든 조리장비·도구는 반드시 목적 이외의 용도로 사용하지 않고 규격품을 사용할 수 있다.
		3. 작업환경 안전관리하기	1. 작업환경 안전관리 시 작업환경 안전관리 지침서를 작성할 수 있다. 2. 작업환경 안전관리 시 작업장 주변 정리정돈 등을 관리 점검할 수 있다. 3. 작업환경 안전관리 시 제품을 제조하는 작업장 및 매장의 온·습도 관리를 통하여 안전사고요소 등을 제거할 수 있다. 4. 작업장 내의 적정한 수준의 조명과 환기, 이물질, 미끄럼 및 오염을 방지할 수 있다. 5. 작업환경에서 필요한 안전관리시설 및 안전용품을 파악하고 관리할 수 있다. 6. 작업환경에서 화재의 원인이 될 수 있는 곳을 자주 점검하고 소화장비를 배치하고 사용할 수 있다. 7. 작업환경에서의 유해, 위험, 화학 물질을 처리기준에 따라 관리할 수 있다. 8. 법적으로 선임된 안전관리책임자가 정기적으로 안전교육을 실시하고 이에 참여할 수 있다.
	3. 한식 기초 조리실무	1. 기본 칼 기술 습득하기	1. 칼의 종류와 사용용도를 이해할 수 있다. 2. 기본 썰기 방법을 습득할 수 있다. 3. 조리목적에 맞게 식재료를 썰 수 있다. 4. 칼을 연마하고 관리할 수 있다.
		2. 기본 기능 습득하기	1. 한식 기본양념에 대한 지식을 이해하고 습득할 수 있다. 2. 한식 고명에 대한 지식을 이해하고 습득할 수 있다. 3. 한식 기본 육수조리에 대한 지식을 이해하고 습득할 수 있다. 4. 한식 기본 재료와 전처리 방법, 활용방법에 대한 지식을 이해하고 습득할 수 있다.
		3. 기본 조리법 습득하기	1. 한식의 종류와 상차림에 대한 지식을 이해하고 습득할 수 있다. 2. 조리도구의 종류 및 용도를 이해하고 적절하게 사용할 수 있다. 3. 식재료의 정확한 계량방법을 습득할 수 있다. 4. 한식 기본 조리법과 조리원리에 대한 지식을 이해하고 습득할 수 있다.

실기과목명	주요항목	세부항목	세세항목
		1. 밥 재료 준비하기	1. 쌀과 잡곡의 비율을 필요량에 맞게 계량할 수 있다. 2. 쌀과 잡곡을 씻고 용도에 맞게 불리기를 할 수 있다. 3. 부재료는 조리법에 맞게 손질할 수 있다. 4. 돌솥, 압력솥 등 사용할 도구를 선택하고 준비할 수 있다.
	4. 한식 밥 조리	2. 밥 조리하기	1. 밥의 종류와 형태에 따라 조리시간과 방법을 조절할 수 있다. 2. 조리 도구, 조리법과 쌀, 잡곡의 재료특성에 따라 물의 양을 가감할 수 있다. 3. 조리도구와 조리법에 맞도록 화력 조절, 가열시간 조절, 뜸들이기를 할 수 있다.
		3. 밥 담기	1. 밥에 따라 색, 형태, 분량 등을 고려하여 그릇을 선택할 수 있다. 2. 밥을 따뜻하게 담아낼 수 있다. 3. 밥 종류에 따라 나물 등 부재료와 고명을 얹거나 양념장을 곁들일 수 있다.
		1. 죽 재료 준비하기	1. 사용할 도구를 선택하고 준비할 수 있다. 2. 곡류와 부재료를 필요량에 맞게 계량할 수 있다. 3. 곡류를 종류에 맞게 불리기를 할 수 있다. 4. 조리법에 따라서 쌀 등 재료를 갈거나 분쇄할 수 있다. 5. 부재료는 조리법에 맞게 손질할 수 있다.
	5. 한식 죽 조리	2. 죽 조리하기	1. 죽의 종류와 형태에 따라 조리시간과 방법을 조절할 수 있다. 2. 조리 도구, 조리법, 쌀과 잡곡의 재료특성에 따라 물의 양을 가감할 수 있다. 3. 조리도구와 조리법, 재료특성에 따라 화력과 가열시간을 조절할 수 있다.
		3. 죽 담기	1. 죽에 따라 색, 형태, 분량 등을 고려하여 그릇을 선택할 수 있다. 2. 죽을 따뜻하게 담아낼 수 있다. 3. 죽 종류에 따라 고명을 올릴 수 있다.
	6. 한식 국·탕 조리	1. 국·탕 재료 준비하기	1. 조리 종류에 맞추어 도구와 재료를 준비할 수 있다. 2. 조리에 사용하는 재료를 필요량에 맞게 계량할 수 있다. 3. 재료에 따라 요구되는 전 처리를 수행할 수 있다. 4. 찬물에 육수재료를 넣고 끓이는 시간과 불의 강도를 조절할 수 있다. 5. 부유물을 제거하여 맑은 육수를 만들 수 있다. 6. 육수의 종류에 따라 적정온도로 보관할 수 있다.

실기과목명	주요항목	세부항목	세세항목
		2. 국·탕 조리하기	1. 물이나 육수에 재료를 넣어 끓일 수 있다. 2. 부재료와 양념을 적절한 시기와 분량에 맞춰 첨가할 수 있다. 3. 조리종류에 따라 끓이는 시간과 화력을 조절할 수 있다. 4. 국·탕의 간을 맞출 수 있다.
		3. 국·탕 담기	1. 국·탕에 따라 색, 형태, 분량 등을 고려하여 그릇을 선택할 수 있다. 2. 국·탕은 조리특성에 따라 적정한 온도로 제공할 수 있다. 3. 국·탕은 국물과 건더기의 비율에 맞게 담아낼 수 있다. 4. 국·탕의 종류에 따라 고명을 활용할 수 있다.
	7. 한식 찌개 조리	1. 찌개 재료 준비하기	1. 조리종류에 따라 도구와 재료를 준비할 수 있다. 2. 조리에 사용하는 재료를 필요량에 맞게 계량할 수 있다. 3. 재료에 따라 요구되는 전처리를 수행할 수 있다. 4. 찬물에 육수 재료를 넣고 서서히 끓일 수 있다. 5. 부유물과 기름을 제거하여 육수를 만들 수 있다. 6. 조리종류에 따라 끓이는 시간과 불의 강도를 조절할 수 있다.
		2. 찌개 조리하기	1. 채소류 중 단단한 재료는 데치거나 삶아서 사용할 수 있다. 2. 조리법에 따라 재료는 양념하여 밑간할 수 있다. 3. 육수에 재료와 양념의 첨가 시점을 조절하여 넣고 끓일 수있다. 4. 끓이는 중 발생하는 부유물을 제거할 수 있다.
		3. 찌개 담기	1. 찌개의 종류에 따라 색, 형태, 분량 등을 고려하여 그릇을 선택할 수 있다. 2. 조리 특성에 맞게 건더기와 국물의 양을 조절할 수 있다. 3. 온도를 뜨겁게 유지하여 제공할 수 있다.
	8. 한식 전·적 조리	1. 전·적 재료 준비하기	1. 전·적의 조리종류에 따라 도구와 재료를 준비할 수 있다. 2. 조리에 사용하는 재료를 필요량에 맞게 계량할 수 있다. 3. 전·적의 종류에 따라 재료를 전처리하여 준비할 수 있다.
		2. 전·적 조리하기	1. 밀가루, 달걀 등의 재료를 섞어 농도를 맞출 수 있다. 2. 조리의 종류에 따라 속 재료 및 혼합재료 등을 만들 수 있다. 3. 주재료에 따라 소를 채우거나 꼬치를 활용하여 전·적의 형태를 만들 수 있다. 4. 재료와 조리법에 따라 기름의 종류·양과 온도를 조절하여 지져 낼 수 있다.

실기과목명	주요항목	세부항목	세세항목
		3. 전·적 담기	1. 전·적에 따라 색, 형태, 분량 등을 고려하여 그릇을 선택할 수 있다. 2. 전·적의 조리는 기름을 제거하여 담아낼 수 있다. 3. 전·적 조리를 따뜻한 온도, 색, 풍미를 유지하여 담아낼 수 있다.
	9. 한식 생채·회 조리	1. 생채·회 재료 준비하기	1. 생채·회의 종류에 맞추어 도구와 재료를 준비할 수 있다. 2. 조리에 사용하는 재료를 필요량에 맞게 계량할 수 있다. 3. 재료에 따라 요구되는 전처리를 수행할 수 있다.
		2. 생채·회 조리하기	1. 양념장 재료를 비율대로 혼합, 조절할 수 있다. 2. 재료에 양념장을 넣고 잘 배합되도록 무칠 수 있다. 3. 재료에 따라 회·숙회로 만들 수 있다.
		3. 생채·회 담기	1. 생채·회에 따라 색, 형태, 분량 등을 고려하여 그릇을 선택할 수 있다. 2. 생채·회의 색, 형태, 분량을 고려하여 그릇에 담아낼 수 있다. 3. 생채·회의 종류에 따라 양념장을 곁들일 수 있다.
	10. 한식 구이 조리	1. 구이 재료 준비하기	1. 구이의 종류에 맞추어 도구와 재료를 준비할 수 있다. 2. 조리에 사용하는 재료를 필요량에 맞게 계량할 수 있다. 3. 재료에 따라 요구되는 전 처리를 수행할 수 있다. 4. 양념장 재료를 비율대로 혼합, 조절할 수 있다. 5. 필요에 따라 양념장을 숙성할 수 있다.
		2. 구이 조리하기	1. 구이 종류에 따라 유장처리나 양념을 할 수 있다. 2. 구이 종류에 따라 초벌구이를 할 수 있다. 3. 온도와 불의 세기를 조절하여 익힐 수 있다. 4. 구이의 색, 형태를 유지할 수 있다.
		3. 구이 담기	1. 구이에 따라 색, 형태, 분량 등을 고려하여 그릇을 선택할 수 있다. 2. 조리한 음식을 부서지지 않게 담을 수 있다. 3. 구이 종류에 따라 적정 온도를 유지하여 담을 수 있다. 4. 구이의 종류에 따라 고명으로 장식할 수 있다.
	11. 한식 조림·초 조리	1. 조림·초 재료 준비하기	1. 조림·초 조리에 따라 도구와 재료를 준비할 수 있다. 2. 조리에 사용하는 재료를 필요량에 맞게 계량할 수 있다. 3. 조림·초 조리의 재료에 따라 전처리를 수행할 수 있다. 4. 양념장 재료를 비율대로 혼합, 조절할 수 있다. 5. 필요에 따라 양념장을 숙성할 수 있다.
		2. 조림·초 조리하기	1. 조리 종류에 따라 준비한 도구에 재료를 넣고 양념장에 조릴 수 있다. 2. 재료와 양념장의 비율, 첨가 시점을 조절할 수 있다. 3. 재료가 눌어붙거나 모양이 흐트러지지 않게 화력을 조절하여 익힐 수 있다. 4. 조림·초의 종류에 따라 국물의 양을 조절할 수 있다.
		3. 조림·초 담기	1. 조림·초에 따라 색, 형태, 분량 등을 고려하여 그릇을 선택할 수 있다. 2. 조림·초의 종류에 따라 국물 양을 조절하여 담아낼 수 있다. 3. 조림·초 조리에 따라 고명을 얹어낼 수 있다.

실기과목명	주요항목	세부항목	세세항목
	12. 한식 볶음조리	1. 볶음 재료 준비하기	1. 볶음조리에 따라 도구와 재료를 준비할 수 있다. 2. 조리에 사용하는 재료를 필요량에 맞게 계량할 수 있다. 3. 볶음조리의 재료에 따라 전처리를 수행할 수 있다. 4. 양념장 재료를 비율대로 혼합, 조절하여 만들 수 있다. 5. 필요에 따라 양념장을 숙성할 수 있다.
		2. 볶음 조리하기	1. 볶음종류에 따라 준비한 도구에 재료와 양념장을 넣어 기름으로 볶을 수 있다. 2. 재료와 양념장의 비율, 첨가 시점을 조절할 수 있다. 3. 재료가 눌어붙거나 모양이 흐트러지지 않게 화력을 조절하여 익힐 수 있다.
		3. 볶음 담기	1. 볶음에 따라 색, 형태, 분량 등을 고려하여 그릇을 선택할 수 있다. 2. 그릇 형태에 따라 조화롭게 담아낼 수 있다. 3. 볶음 종류에 따라 고명을 얹어낼 수 있다.
	13. 한식 숙채 조리	1. 숙채 재료 준비하기	1. 숙채의 종류에 맞추어 도구와 재료를 준비할 수 있다. 2. 조리에 사용하는 재료를 필요량에 맞게 계량할 수 있다. 3. 재료에 따라 요구되는 전처리를 수행할 수 있다.
		2. 숙채 조리하기	1. 양념장 재료를 비율대로 혼합, 조절할 수 있다. 2. 조리법에 따라서 삶거나 데칠 수 있다. 3. 양념이 잘 배합되도록 무치거나 볶을 수 있다.
		3. 숙채 담기	1. 숙채에 따라 색, 형태, 분량 등을 고려하여 그릇을 선택할 수 있다. 2. 숙채의 색, 형태, 재료, 분량을 고려하여 그릇에 담아낼 수 있다. 3. 조리종류에 따라 고명을 올리거나 양념장을 곁들일 수 있다.
	14. 김치조리	1. 김치 재료 준비하기	1. 김치의 종류에 맞추어 도구와 재료를 준비할 수 있다. 2. 조리에 사용하는 재료를 필요량에 맞게 계량할 수 있다. 3. 재료에 따라 요구되는 전처리(절이기 등)를 수행할 수 있다.
		2. 김치 조리하기	1. 양념장 재료를 비율대로 혼합, 조절할 수 있다. 2. 김치의 특성에 맞도록 주재료에 부재료와 양념의 비율을 조절하여 소를 넣거나 버무릴 수 있다. 3. 김치의 종류에 따라 국물의 양을 조절할 수 있다.
		3. 김치 담기	1. 조리종류와 색, 형태, 분량 등을 고려하여 그릇을 선택할 수 있다. 2. 김치의 색, 형태, 재료, 분량을 고려하여 그릇에 담아낼 수 있다. 3. 김치의 종류에 따라 조화롭게 담아낼 수 있다.

수험자 유의사항

1. 만드는 순서에 유의하며, 위생과 숙련된 기능평가를 위하여 조리작업 시 맛을 보지 않습니다.
2. 지정된 수험자지참준비물 이외의 조리기구나 재료를 시험장 내에 지참할 수 없습니다.
3. 지급재료는 시험 전 확인하여 이상이 있을 경우 시험위원으로부터 조치를 받고 시험 중에는 재료의 교환 및 추가지급은 하지 않습니다.
4. 요구사항 및 지급재료의 규격은 "정도"의 의미를 포함하며, 재료의 크기에 따라 가감하여 채점됩니다.
5. 위생복, 위생모, 앞치마, 마스크를 착용하여야 하며, 시험장비·조리기구 취급 등 안전에 유의합니다.
6. 다음 사항은 실격에 해당하여 채점대상에서 제외됩니다.
   가. 수험자 본인이 시험 도중 시험에 대한 포기 의사를 표현하는 경우
   나. 위생복, 위생모, 앞치마, 마스크를 착용하지 않은 경우
   다. 시험시간 내에 과제 두 가지를 제출하지 못한 경우
   라. 문제의 요구사항대로 과제의 수량이 만들어지지 않은 경우
   마. 완성품을 요구사항의 과제(요리)가 아닌 다른 요리(예, 달걀말이→달걀찜)로 만든 경우
   바. 불을 사용하여 만든 조리작품이 작품특성에 벗어나는 정도로 타거나 익지 않은 경우
   사. 해당과제의 지급재료 이외 재료를 사용하거나, 요구사항의 조리기구(석쇠 등)로 완성품을 조리하지 않은 경우
   아. 지정된 수험자지참준비물 이외의 조리기술에 영향을 줄 수 있는 기구를 사용한 경우
   자. 가스레인지 화구 2개 이상(2개 포함) 사용한 경우
   차. 시험 중 시설·장비(칼, 가스레인지 등) 사용 시 시험위원 및 타수험자의 시험 진행에 위해를 일으킬 것으로 시험위원 전원이 합의하여 판단한 경우
   카. 요구사항에 표시된 실격 및 부정행위에 해당하는 경우
7. 항목별 배점은 위생상태 및 안전관리 5점, 조리기술 30점, 작품의 평가 15점입니다.
8. 시험시작 전 가벼운 몸 풀기(스트레칭) 동작으로 긴장을 풀고 시험을 시작합니다.

위생상태 및 안전관리에 대한 채점기준 안내

위생 및 안전상태	채점기준
1. 위생복(상/하의), 위생모, 앞치마, 마스크 중 한 가지라도 미착용한 경우 2. 평상복(흰티셔츠, 와이셔츠), 패션모자(흰털모자, 비니, 야구모자) 등 기준을 벗어난 위생복을 착용한 경우	실격 (채점대상 제외)
3. 위생복(상/하의), 위생모, 앞치마, 마스크를 착용하였더라도 • 무늬가 있거나 유색의 위생복 상의·위생모·앞치마를 착용한 경우 • 흰색의 위생복 상의·앞치마를 착용하였더라도 부직포, 비닐 등 화재에 취약한 재질의 복장을 착용한 경우 • 팔꿈치가 덮이지 않는 짧은 팔의 위생복을 착용한 경우 • 위생복 하의의 색상, 재질은 무관하나 짧은 바지, 통이 넓은 힙합스타일 바지, 타이츠, 치마 등 안전과 작업에 방해가 되는 복장을 착용한 경우 • 위생모가 뚫려 있어 머리카락이 보이거나, 수건 등으로 감싸 바느질 마감처리가 되어 있지 않고 풀어지기 쉬워 일반 조리장용으로 부적합한 경우 4. 위생복(상/하의), 위생모, 앞치마, 마스크, 조리기구에 수험자의 소속이나 성명이 있는 경우 5. 이물질(예, 테이프) 부착 등 식품위생에 위배되는 조리기구를 사용한 경우 ※ 위생복 테이프 부착은 식품위생 위배 조리기구에 해당하지 않음	'위생상태 및 안전관리' 점수 전체 0점
6. 위생복(상/하의), 위생모, 앞치마, 마스크를 착용하였더라도 • 위생복 상의가 팔꿈치를 덮기는 하나 손목까지 오는 긴소매가 아닌 위생복(팔토시 착용은 긴소매로 불인정), 실험복 형태의 긴가운, 핀 등 금속을 별도 부착한 위생복을 착용하여 세부기준을 준수하지 않았을 경우 • 테두리선, 칼라, 위생모 짧은 창 등 일부 유색의 위생복 상의·위생모·앞치마를 착용한 경우(테이프 부착 불인정) • 위생복 하의가 발목까지 오지 않는 8부바지 • 위생복(상/하의), 위생모, 앞치마, 마스크에 수험자의 소속 및 성명을 테이프 등으로 가리지 않았을 경우 7. 위생화(작업화), 장신구, 두발, 손/손톱, 폐식용유 처리, 안전사고 발생처리 등 '위생상태 및 안전관리 세부기준'을 준수하지 않았을 경우 8. '위생상태 및 안전관리 세부기준' 이외에 위생과 안전을 저해하는 기타사항이 있을 경우	'위생상태 및 안전관리' 점수 일부 감점

※ 위 기준에 표시되어 있지 않으나 일반적인 개인위생, 식품위생, 주방위생, 안전관리를 준수하지 않았을 경우 감점처리 될 수 있습니다.
※ 수도자의 경우 제복 + 위생복 상의/하의, 위생모, 앞치마, 마스크 착용 허용

위생상태 및 안전관리 세부기준 안내

순번	구 분	세 부 기 준

1	위생복 상의	• 전체 흰색, 손목까지 오는 긴소매
		  - 조리과정에서 발생 가능한 안전사고(화상 등) 예방 및 식품위생(체모 유입방지, 오염도 확인 등) 관리를 위한 기준 적용
		  - 조리과정에서 편의를 위해 소매를 접어 작업하는 것은 허용
		  - 부직포, 비닐 등 화재에 취약한 재질이 아닐 것, 팔토시는 긴팔로 불인정
		• 상의 여밈은 위생복에 부착된 것이어야 하며 벨크로(일명 찍찍이), 단추 등의 크기, 색상, 모양, 재질은 제한하지 않음(단, 핀 등 별도 부착한 금속성은 제외)

2	위생복 하의	• 색상·재질 무관, 안전과 작업에 방해가 되지 않는 발목까지 오는 긴바지 - 조리기구 낙하, 화상 등 안전사고 예방을 위한 기준 적용
3	위생모	• 전체 흰색, 빈틈이 없고 바느질 마감처리가 되어 있는 일반 조리장에서 통용되는 위생모(모자의 크기, 길이, 모양, 재질(면·부직포 등)은 무관)
4	앞치마	• 전체 흰색, 무릎 아래까지 덮이는 길이 - 상하일체형(목끈형) 가능, 부직포·비닐 등 화재에 취약한 재질이 아닐 것
5	마스크 (입가리개)	• 침액을 통한 위생상의 위해방지용으로 종류는 제한하지 않음 (단, 감염병 예방법에 따라 마스크 착용 의무화 기간에는 '투명 위생 플라스틱 입가리개'는 마스크 착용으로 인정하지 않음)
6	위생화 (작업화)	• 색상 무관, 굽이 높지 않고 발가락·발등·발뒤꿈치가 덮여 안전사고를 예방할 수 있는 깨끗한 운동화 형태
7	장신구	• 일체의 개인용 장신구 착용 금지(단, 위생모 고정을 위한 머리핀 허용)
8	두발	• 단정하고 청결할 것, 머리카락이 길 경우 흘러내리지 않도록 머리망을 착용하거나 묶을 것
9	손/손톱	• 손에 상처가 없어야 하나, 상처가 있을 경우 보이지 않도록 할 것(시험위원 확인 하에 추가 조치 가능) • 손톱은 길지 않고 청결하며 매니큐어, 인조손톱 등을 부착하지 않을 것
10	폐식용유 처리	• 사용한 폐식용유는 시험위원이 지시하는 적재장소에 처리할 것
11	교차오염	• 교차오염 방지를 위한 칼, 도마 등 조리기구 구분 사용은 세척으로 대신하여 예방할 것 • 조리기구에 이물질(예, 테이프)을 부착하지 않을 것
12	위생관리	• 재료, 조리기구 등 조리에 사용되는 모든 것은 위생적으로 처리하여야 하며, 조리용으로 적합한 것일 것
13	안전사고 발생 처리	• 칼 사용(손 빔) 등으로 안전사고 발생 시 응급조치를 하여야 하며, 응급조치에도 지혈이 되지 않을 경우 시험진행 불가
14	눈금표시 조리도구	• 눈금표시된 조리기구 사용 허용(실격 처리되지 않음, 2022년부터 적용) (단, 눈금표시에 재어가며 재료를 쓰는 조리작업은 조기기술 및 숙련도 평가에 반영)
15	부정 방지	• 위생복, 조리기구 등 시험장 내 모든 개인물품에는 수험자의 소속 및 성명 등의 표식이 없을 것 (위생복의 개인 표식 제거는 테이프로 부착 가능)
16	테이프사용	• 위생복 상의, 앞치마, 위생모의 소속 및 성명을 가리는 용도로만 허용

※ 위 내용은 안전관리인증기준(HACCP) 평가(심사) 매뉴얼, 위생등급 가이드라인 평가 기준 및 시행상의 운영사항을 참고하여 작성된 기준입니다.

수험자 지참 준비물

번호	재료명	규격	단위	수량	비고
1	가위	-	EA	1	
2	강판	-	EA	1	
3	계량스푼	-	EA	1	
4	계량컵	-	EA	1	
5	국대접	기타 유사품 포함	EA	1	
6	국자	-	EA	1	
7	냄비	-	EA	1	시험장에도 준비되어 있음
8	도마	흰색 또는 나무도마	EA	1	시험장에도 준비되어 있음
9	뒤집개	-	EA	1	
10	랩	-	EA	1	
11	마스크	-	EA	1	위생복장(위생복, 위생모, 앞치마, 마스크)을 착용하지 않을 경우 채점대상에서 제외(실격)됩니다.
12	면포	60×50cm	장	1	흰색. 크기는 가감 가능
13	밀대	-	EA	1	
14	밥공기	-	EA	1	
15	볼(bowl)	-	EA	1	
16	비닐백	위생백, 비닐봉지 등 유사품 포함	장	1	
17	상비의약품	손가락골무, 밴드 등	EA	1	
18	석쇠		EA	1	
19	쇠조리(혹은 체)	-	EA	1	
20	숟가락	차스푼 등 유사품 포함	EA	1	
21	앞치마	흰색(남,녀공용)	EA	1	위생복장(위생복, 위생모, 앞치마, 마스크)을 착용하지 않을 경우 채점대상에서 제외(실격)됩니다.
22	위생모	흰색	EA	1	위와 같음
23	위생복	상의-흰색/긴소매, 하의-긴바지(색상 무관)	벌	1	위와 같음
24	위생타올	키친타올, 휴지 등 유사품 포함	장	1	
25	위생행주	주방용	EA	1	
26	이쑤시개	산적꼬치 등 유사품 포함	EA	1	
27	접시	양념접시 등 유사품 포함	EA	1	
28	젓가락	-	EA	1	
29	종이컵	-	EA	1	
30	종지	-	EA	1	
31	주걱	-	EA	1	
32	집게	-	EA	1	
33	칼	조리용 칼, 칼집 포함	EA	1	식칼, 과도 사용 가능(단, 체칼, 필러 등은 기능평가에 영향을 미치므로 사용 불가)
34	호일	-	EA	1	
35	후라이팬	원형 또는 사각으로 바닥이 평평하며 특수 모양 성형이 없을 것(예: 오믈렛 팬)	EA	1	특수모양성형(예: 오믈렛 팬) 없을 것, 시험장에도 준비되어 있음

contents

머리말 • 2
출제기준(실기) • 4
수험자 유의사항 / 위생상태 및 안전관리에 대한 채점기준 안내 • 11
위생상태 및 안전관리 세부기준 안내 • 12
시험장 실기 준비물 • 13

비빔밥 • 16

콩나물밥 • 20

장국죽 • 24

완자탕 • 28

생선찌개 • 32

두부젓국찌개 • 36

제육구이 • 40

너비아니구이 • 44

더덕구이 • 48

생선양념구이 • 52

북어구이 • 56

섭산적 • 60

화양적 • 64

지짐누름적 • 68

풋고추전 • 72

표고전 • 76

 생선전 • 80
 육원전 • 84
 두부조림 • 88
 홍합초 • 92

 겨자채 • 96
 도라지생채 • 100
 무생채 • 104
 더덕생채 • 108

 육회 • 112
 미나리강회 • 116
 탕평채 • 120
 잡채 • 124

 칠절판 • 128
 오징어볶음 • 132
 재료썰기 • 136
 배추김치 • 140

 오이소박이 • 145

한식조리기능사 요약 • 148
합격비법 모의시험 • 158

비빔밥

비빔밥은 19세기 말엽에 나온 『시의전서』에 처음 등장하는데, 한자로는 '골동반', 한글로는 '부븸밥'이라 기록되어 있다. 골동반은 여러 가지 재료를 한꺼번에 넣고 잘 비빈다고 하여 '뒤섞는다'라는 뜻의 '골동(骨董)'과 밥을 뜻하는 '반(飯)'이 합쳐진 말이다. 『시의전서』에 따르면 밥을 정히 짓고 고기는 재워 볶고 간납은 부친다. 각색 남새(채소를 가리키는 고어)를 볶아 놓고 좋은 다시마로 튀각을 튀겨서 부숴 놓는다.

지급재료

- 쌀(30분 정도 물에 불린 쌀) 150g
- 애호박 (중, 길이 6cm) 60g
- 도라지(찢은 것) 20g
- 고사리(불린 것) 30g
- 청포묵 (중, 길이 6cm) 40g
- 소고기(살코기) 30g
- 달걀 1개
- 건다시마 1장(5×5cm)
- 고추장 40g
- 식용유 30mL
- 대파(흰부분 4cm) 1토막
- 마늘(깐 것) 2쪽(중)
- 진간장 15mL
- 흰설탕 15g
- 깨소금 5g
- 검은 후춧가루 1g
- 참기름 5mL
- 소금(정제염) 10g

소고기, 고사리 양념장　진간장 1T, 백설탕 1/2T, 다진 파 1/2T, 다진 마늘 1t, 검은 후춧가루 약간, 깨소금 1/2t, 참기름 1t
약고추장　고추장 1T, 설탕 1t, 물 1/2T

요구사항

※ 주어진 재료를 사용하여 다음과 같이 비빔밥을 만드시오.

1. 채소, 소고기, 황·백 지단의 크기는 0.3cm×0.3cm×5cm로 써시오.
2. 호박은 돌려깎기하여 0.3cm×0.3cm×5cm로 써시오.
3. 청포묵의 크기는 0.5cm×0.5cm×5cm로 써시오.
4. 소고기는 고추장 볶음과 고명에 사용하시오.
5. 담은 밥 위에 준비된 재료들을 색 맞추어 돌려 담으시오.
6. 볶은 고추장은 완성된 밥 위에 얹어 내시오.

- 약고추장을 볶을 때 식용유와 참기름을 많이 사용하면 약고추장에서 붉은 기름이 다른 재료로 번진다.
- 소고기나 돼지고기는 키친타월에 싸서 수분을 제거하면 썰 때 밀리지 않아 썰기 편하고 핏물이 빠져서 고기의 누린내를 줄일 수 있다.

조리 과정

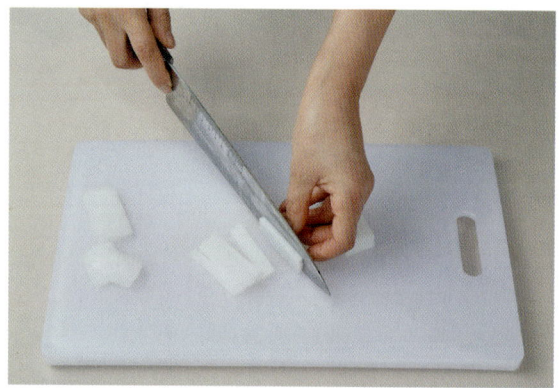

1 냄비에 청포묵 데칠 물을 올려 놓고 청포묵은 5×0.4×0.4cm로 채썰어 끓는 물에 소금을 넣고 투명할 때까지 데쳐 찬물에 헹군 후 소금, 참기름으로 간을 한다.

Tip 청포묵은 데치면 두꺼워지므로 요구 사항보다 가늘게 썬다.

2 불린 쌀 1컵에 동량의 물을 붓고 중 불에서 끓으면 약한 불에서 7~8분 정도 끓인다.

Tip 불을 끄고 냄비 뚜껑을 열지 않고, 5분 정도 뜸 들여 고슬고슬한 밥을 짓는다.

3 도라지는 5×0.3×0.3cm 굵기로 채썰어 소금을 넣고 주물러 물에 담가 쓴맛을 뺀다.

4 애호박은 5cm로 잘라서 돌려 깎아 0.3cm 굵기로 채썰어 소금에 절여 물기를 제거한다.

5 파, 마늘 곱게 다져서 양념장을 만든다(진간장 1T, 백설탕 1/2T, 다진 파 1/2T, 다진 마늘 1t, 검은 후춧가루 약간, 깨소금 1/2t, 참기름 1t).

6 고사리의 뻣뻣한 줄기는 제거하고 5cm 길이로 썰어 양념장에 재운다.

7 소고기의 3/4은 결대로 6×0.25×0.25cm 굵기로 채썰고, 1/4는 곱게 다져서 양념장에 재운다.
Tip 소고기는 볶으면 길이는 짧아지고, 두께는 굵어진다

8 팬을 기울여 식용유를 넣고 다시마를 튀긴 후 키친타월에 기름을 제거하여 비닐봉지에 넣어 부순다.
Tip 다시마는 고온에서 튀기면 쓴맛이 나므로 조금 잘라서 적당한 온도를 확인하고 튀긴다.

9 달걀은 황·백으로 나누어 소금을 약간 넣고 0.3cm 두께로 부쳐 각각 5×0.3cm 길이로 채썬다.

10 팬에 식용유를 두르고 도라지, 애호박에 다진 파, 다진 마늘을 넣고 각각 볶는다.

11 고사리, 소고기를 각각 볶은 후 마지막으로 다진 소고기를 볶다가 고추장 1T, 설탕 1t, 물 1/2T를 넣고 볶아 약고추장을 만든다.
Tip 조리 시간이 많이 걸리는 요리이므로 비슷한 재료는 옆옆이 같이 볶아야 시간을 맞출 수 있다.

12 완성그릇에 밥을 편평하게 담고, 볶은 재료를 색 맞춰 돌려 담고 중앙에 약고추장과 다시마튀각을 올린다.

콩나물밥

콩나물밥은 반찬 수를 줄일 수 있고 쌀에 부족한 아미노산, 비타민B, 비타민C, 영양분을 보충할 수 있다. 흰밥을 지을 때보다 물을 적게 붓고 뜸 들이는 시간을 길게 한다. 간을 하지 않고 밥을 지어 양념장에 비벼 먹는 방법도 있다.

시험시간 30분

지급재료
- 쌀(30분 정도 물에 불린 쌀) 150g
- 콩나물 60g
- 소고기(살코기) 30g
- 대파(흰부분 4cm) 1/2 토막
- 마늘(깐 것) 1쪽(중)
- 진간장 5mL
- 참기름 5mL

소고기 양념장 진간장 1/2t, 다진 파 1/2t, 다진 마늘 1/4t, 참기름 1/2t

요구사항

※ 주어진 재료를 사용하여 다음과 같이 콩나물밥을 만드시오.

1 콩나물은 꼬리를 다듬고 소고기는 채썰어 간장양념을 하시오.
2 밥을 지어 전량 제출하시오.

- 소고기는 핏물을 잘 제거하고 간장을 적게 넣어야 밥 색이 깨끗해 보인다.

조리 과정

1 쌀은 씻어 체에 밭쳐 물기를 뺀다.

2 콩나물은 껍질과 꼬리를 다듬고 씻어 놓는다.

3 파, 마늘을 곱게 다져 양념장을 만든다(진간장 1/2t, 다진 파 1/2t, 다진 마늘 1/4t, 참기름 1/2t).

Tip 콩나물밥에는 설탕, 후추, 깨소금이 지급 재료 목록에 없으므로 절대로 넣으면 안 된다.

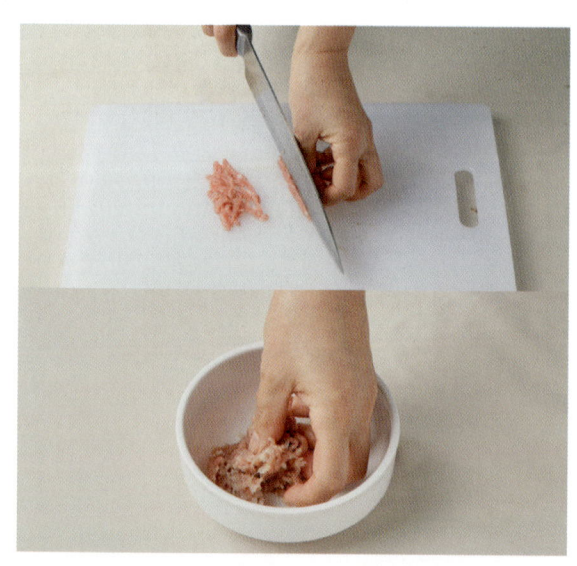

4 소고기는 키친타월에 싸서 핏물을 제거하고 기름기를 제거한 후 결대로 곱게 채썰어 준비한 양념장에 버무린다.

Tip 소고기는 썰 때 결대로 썰어야 부서지지 않는다.

5 냄비에 불린 쌀과 물을 동량으로 넣고, 그 위에 콩나물을 얹은 후 양념한 소고기를 가닥가닥 떼서 올린다.

Tip 쌀을 냄비에 안칠 때 소고기를 가닥가닥 떼 놓아야 완성했을 때 소고기가 뭉치지 않는다.

6 중 불에서 밥을 짓다가 밥이 끓으면 약한 불로 줄여 7~8분 후 불을 끄고, 5분 정도 뜸을 들인다.

Tip 밥을 짓는 중간에 밥뚜껑을 열면 콩 비린내가 난다.

7 밥이 다 되면 위, 아래를 가볍게 섞어 완성그릇에 소고기와 콩나물을 골고루 섞어 보기 좋게 담아 낸다.

장국죽

장국죽은 '버섯죽'이라 하여 조선시대부터 먹어 왔으며 소고기는 산성이고 버섯은 알칼리성으로 고기의 누린내를 없애는 역할을 하기 때문에 서로 궁합이 좋은 식품이다. 표고버섯은 햇볕에 말리면 비타민D가 생성되고 B_1, B_2를 많이 함유하고 핵산이 많아 감칠맛이 있어 천연 조미료로 많이 활용하고 있다.

지급재료

- 쌀(30분 정도 물에 불린 쌀) 100g
- 소고기(살코기) 20g
- 건표고버섯(물에 불린 것) 1개 (지름 5cm, 부서지지 않은 것)
- 대파(흰부분 4cm) 1토막
- 마늘(깐 것) 1쪽(중)
- 진간장 10mL
- 깨소금 5g
- 검은 후춧가루 1g
- 참기름 10mL
- 국간장 10mL

소고기, 표고버섯 양념장 진간장 1t, 다진 파 1t, 다진 마늘 1/2t, 후춧가루 약간, 깨소금 1/2t, 참기름 1t

요구사항

※ 주어진 재료를 사용하여 다음과 같이 장국죽을 만드시오.

1. 불린 쌀을 반정도로 싸라기를 만들어 죽을 쑤시오.
2. 소고기는 다지고 불린 표고는 3cm의 길이로 채 써시오.

- 죽은 미리 끓여 놓으면 되직해지므로 제출 직전에 농도를 맞춰 완성그릇에 담아낸다.
- 표고버섯은 충분히 불리지 않으면 죽에서 불어 굵어진다.
- 죽은 일찍 끓으면 죽이 불기 때문에 다른 요리보다 늦게 끓이고 완성되면 그릇에 담는다.

조리 과정

1 불린 쌀을 체에 밭쳐 물기를 뺀다.

2 물기 뺀 쌀을 비닐 팩에 넣고, 밀대로 밀거나 방망이로 빻아 싸라기를 만든다.

3 파, 마늘을 곱게 다져 양념장(진간장 1t, 다진 파 1t, 다진 마늘 1/2t, 후춧가루 약간, 깨소금 1/2t, 참기름 1t)을 만든다.

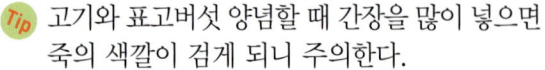
Tip 고기와 표고버섯 양념할 때 간장을 많이 넣으면 죽의 색깔이 검게 되니 주의한다.

4 소고기는 곱게 다져서 양념장에 재운다.

5 불린 표고버섯은 0.3cm로 얇게 포를 떠서 3cm 길이로 가늘게 채를 썰어 양념장에 재운다.

6 냄비에 참기름을 두르고 양념한 소고기를 볶다가 표고버섯을 볶고, 싸라기 쌀을 넣어 투명해질 때까지 충분히 볶아준다.

Tip 소고기는 덩어리가 지지 않도록 약 불에서 볶아준다.

7 쌀 분량의 6배(3컵)의 물을 넣고, 센 불에서 끓이다 중 불에서 쌀알이 퍼질 때까지 가끔 저어주며 끓인다.

8 쌀알이 충분히 퍼지면 국 간장으로 색과 간을 맞춰 완성그릇에 담아낸다.

완자탕

궁중에서는 봉오리탕이라고 부르는데, 이는 완자의 모양이 꽃봉오리와 같다고 하여 붙여진 이름이다. 조선시대부터 있었던 국으로, 『산림경제』, 『규합총서 閨閤叢書』, 『진연의궤 進宴儀軌』, 『진찬의궤 進饌儀軌』, 『시의전서 是議全書』 등 많은 문헌에 기록되어 있고, 궁중의 연회 상에도 자주 차려졌던 음식이다. 현재도 일반 가정에서 만들고 있다.

지급재료

- 소고기(살코기) 50g
- 소고기(사태부위) 20g
- 달걀 1개
- 대파(흰부분 4cm) 1/2토막
- 밀가루(중력분) 10g
- 마늘(간 것) 2쪽(중)
- 식용유 20mL
- 소금(정제염) 10g
- 검은 후춧가루 2g
- 두부 15g
- 키친타올(종이, 주방용) 1장 (소, 18×20cm)
- 국간장 5mL
- 참기름 5mL
- 깨소금 5g
- 흰설탕 5g

향채 마늘 1쪽, 대파(흰 부분 4cm) 1/4토막
완자 양념 소금 약간, 설탕 약간, 다진 파 1/2t, 다진 마늘 1/3t, 검은 후춧가루 약간, 깨소금 약간, 참기름 1/2t

※ 주어진 재료를 사용하여 다음과 같이 완자탕을 만드시오.

1️⃣ 완자는 지름 3cm로 6개를 만들고, 국 국물의 양은 200mL 이상 제출하시오.
2️⃣ 달걀은 지단과 완자용으로 사용하시오.
3️⃣ 고명으로 황·백 지단(마름모꼴)을 각 2개씩 띄우시오.

- 국물이 탁하면 안 되므로 완자가 국물에서 떠오를 때까지 끓인다.
- 처음부터 육수 색을 맞추면 끓이면서 색이 나와 국물이 진하게 되므로 2번 나누어 색을 낸다.
- 국물은 제출하고 나면 줄어들 수 있으므로 50ml 여유 있게 담는다.

조리 과정

1️⃣ 소고기(사태)는 찬물 3컵, 대파, 마늘을 넣고 센 불에서 끓으면 약한 불에서 푹 끓인다.
  Tip 재료의 소고기, 파, 마늘은 육수용과 완자용으로 나눠서 사용한다.

2️⃣ 끓인 육수를 면포에 거르고 국 간장으로 색을 내고, 소금으로 간을 한다.
  Tip 육수에 간장 색을 흐리게 넣고 완성한 다음 다시 색을 맞춘다.

3️⃣ 대파, 마늘은 곱게 다진다.

4️⃣ 두부는 면포에 물기를 짜서 곱게 으깬다.

5️⃣ 소고기(살코기)는 핏물을 제거하여 곱게 다진다.

6️⃣ 두부와 소고기는 양념하여 끈기가 나도록 치댄 후 지름 3cm 크기로 완자를 6개를 만든다(소금 약간, 설탕 약간, 다진 파 1/2t, 다진 마늘 1/3t, 검은 후춧가루 약간, 깨소금 약간, 참기름 1/2t).

7 달걀은 흰자, 노른자를 각각 1T씩 떠서 소금을 약간 넣어 황·백 지단을 3mm 두께로 부쳐 식으면 마름모꼴로 썬다.

Tip 달걀은 고명과 완자용으로 분리해서 사용한다.

8 완자에 밀가루, 달걀물을 입혀 달군 팬에 식용유를 두르고 중 불에서 완자가 거의 익을 때까지 굴려서 익힌다.

Tip 완자를 지질 때는 기름은 소량 사용하고, 약 불에서 굴려가며 지진다.

9 익힌 완자를 키친타월에 여분의 기름기를 완전히 제거한다.

Tip 지진 완자는 키친타월로 기름기를 잘 제거해야 끓일 때 기름이 뜨지 않는다.

10 냄비에 육수 2.5컵을 붓고 끓으면 완자를 넣어 익힌다.

Tip 육수를 센 불에서 끓이거나 오래 끓이면 국물이 탁해지므로 약불에서 서서히 끓인다.

11 익힌 완자를 완성그릇에 담고 육수를 250ml 정도 붓고, 황·백 지단을 고명으로 띄운다.

생선찌개

명태를 얼린 것을 동태라고 하는데 비타민 B_2와 메티오닌, 나이아신과 같은 필수 아미노산이 풍부하여 간장 보호에 좋으며 지방이 적고 열량이 낮아서 다이어트에 좋은 식품이다.

지급재료

- 동태　　　　　　　　1마리
- 무　　　　　　　　　60g
- 애호박　　　　　　　30g
- 두부　　　　　　　　60g
- 풋고추(길이 5cm 이상)　1개
- 홍고추(생)　　　　　1개
- 쑥갓　　　　　　　　10g
- 마늘(간 것)　　　　　2쪽(중)
- 생강　　　　　　　　10g
- 실파 (2뿌리)　　　　40g
- 고추장　　　　　　　30g
- 소금(정제염)　　　　10g
- 고춧가루　　　　　　10g

요구사항

※ 주어진 재료를 사용하여 다음과 같이 생선찌개를 만드시오.

1. 생선은 4~5cm의 토막으로 자르시오.
2. 무, 두부는 2.5cm×3.5cm×0.8cm로 써시오.
3. 호박은 0.5cm 반달형, 고추는 통 어슷썰기, 쑥갓과 파는 4cm로 써시오.
4. 고추장, 고춧가루를 사용하여 만드시오.
5. 각 재료는 익는 순서에 따라 조리하고, 생선살이 부서지지 않도록 하시오.
6. 생선머리를 포함하여 전량 제출하시오.

합격 TIP

- 고추장을 많이 넣고 오래 끓이면 색이 탁해진다.
- 생선머리는 아가미를 제거하여 사용한다.
- 찌개는 국물과 건더기를 2 : 3의 비율로 담는다.

생선찌개

조리 과정

1 무, 두부는 2.5×3.5×0.8cm 크기로 썰어 놓는다.

2 홍고추, 풋고추는 어슷하게 썰어 씨를 제거하고 애호박은 0.5cm 두께로 반달 모양으로 썰어 놓는다.

3 실파, 쑥갓은 4cm 길이로 썰고, 마늘, 생강은 곱게 다진다.

4 생선은 비늘을 긁어내고 지느러미를 자른다.

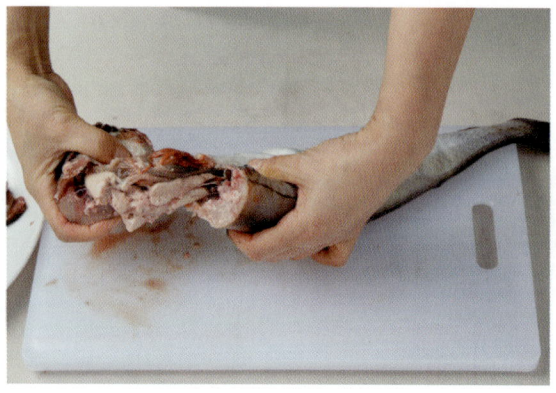

5 생선 주둥이 앞부분을 자른 후 머리를 자르고 내장을 제거한다.

Tip 머리를 자를 때 쓸개가 터지지 않도록 조심해서 자른다(쓸개가 터지면 국물 맛이 쓰다).

6 몸통을 4~5cm로 토막내고 생선의 아가미와 불순물, 피를 제거한 후 깨끗하게 씻어 체에 받쳐 물기를 뺀다.

7 고춧가루 1T, 고추장 1T, 물 1T 양념장을 만든다.

8 냄비에 물 3C 정도 넣고 끓으면 양념장을 체에 내린 후 무를 넣고 끓인다.

9 무가 반쯤 익으면 생선을 넣고 끓으면 호박, 두부를 넣고 끓인다.

10 호박이 반쯤 익으면 홍고추, 풋고추, 다진 마늘 2t, 생강 1/4t을 넣고 끓여 소금으로 간한다.

11 쑥갓, 실파를 넣고 살짝 끓여 완성그릇에 담아낸다.

두부젓국찌개

두부는 고단백 저열량 식품이고 새우젓은 소화 기능과 간 기능 개선에 도움을 준다. 두부젓국찌개는 국물이 맑게 되어야 잘된 것이며, 묵은 새우젓보다는 잘 삭았으면서도 삼삼하며 짜지 않은 햇 새우젓이 좋다.

지급재료

- 두부 100g
- 생굴(껍질 벗긴 것) 30g
- 실파 (1뿌리) 20g
- 홍고추(생) 1/2개
- 새우젓 10g
- 마늘(깐 것) 1쪽(중)
- 참기름 5mL
- 소금(정제염) 5g

요구사항

※ 주어진 재료를 사용하여 다음과 같이 두부젓국찌개를 만드시오.

1. 두부는 2cm×3cm×1cm로 써시오.
2. 홍고추는 0.5cm×3cm, 실파는 3cm 길이로 써시오.
3. 소금과 다진 새우젓의 국물로 간하고, 국물을 맑게 만드시오.
4. 찌개의 국물은 200mL 이상 제출하시오.

합격 TIP

- 두부는 물에 헹구면 국물이 깨끗하다.

조리 과정

1 냄비에 물 2컵 정도를 넣고 소금 약간 넣어 끓인다.

2 두부는 3×2×1cm 크기로 썰어 물에 살짝 헹군다.

3 홍고추는 길이로 반을 갈라 씨를 제거하고 3× 0.5cm로 썰고, 실파는 3cm의 길이로 썬다.
Tip 홍고추의 씨는 스푼을 이용해 제거한다.

4 마늘은 곱게 다진다.

5 굴은 연한 소금물에 흔들어 씻어 껍질과 이물질을 골라 내고 체에 받쳐 물기를 뺀다.

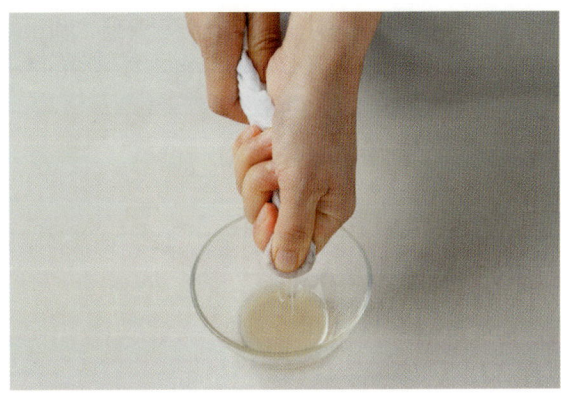

6 새우젓은 다져서 면포나 체에 걸러 국물만 준비한다.

7 냄비에 물이 끓으면 두부, 굴, 다진 마늘 순으로 넣고 끓인다.

Tip 두부젓국찌개는 맑은 국물이 가장 중요하므로 단시간에 조리하여야 하며 굴은 너무 오래 끓이면 모양도 변형되고, 국물이 탁해진다.

8 마지막으로 홍고추를 넣고 살짝 끓여 새우젓 국물로 간한 다음 실파를 넣어 불을 끈 뒤 참기름 1~2방울 떨어뜨리고 마무리한다.

Tip 홍고추는 미리 넣으면 국물이 붉게 되므로 마지막에 넣는다.

9 완성그릇에 굴과 홍고추, 파가 보이게 담고 국물은 250mL 정도 담는다.

Tip 국물과 건더기를 2 : 3의 비율로 담는다.

제육구이

돼지고기는 단백질, 지방, 비타민 A, 비타민 B, 칼슘, 인 등이 풍부한 영양식이다. 섬유가 가늘고 연해서 단백질, 지방질의 소화율이 모두 95% 이상에 이른다. 지방이 많고, 특유의 냄새 때문에 싫어하는 사람도 있지만 조리법만 잘 개발하면 값도 싸면서 좋은 영양 공급원이 될 수 있다.

지급재료

- 돼지고기(등심 또는 볼깃살) 150g
- 고추장 40g
- 진간장 10mL
- 대파(흰부분, 4cm) 1토막
- 마늘(간 것) 2쪽(중)
- 검은 후춧가루 2g
- 흰설탕 15g
- 깨소금 5g
- 참기름 5mL
- 생강 10g
- 식용유 10mL

고기 양념장 고추장 2T, 간장 1t, 설탕 1/2T, 참기름 1t, 깨소금 1t, 다진 파 2t, 마늘 1t, 후춧가루 약간, 다진 생강 약간

요구사항

※ 주어진 재료를 사용하여 다음과 같이 제육구이를 만드시오.

1. 완성된 제육은 0.4cm×4cm×5cm로 하시오.
2. 고추장 양념하여 석쇠에 구우시오.
3. 제육구이는 전량 제출하시오.

- 고추장 양념을 많이 발라 구울 경우 고기가 익지 않고 양념장만 타므로 얇게 발라 재운 후 덧발라가며 구워준다.
- 돼지고기는 구웠을 때 소고기보다 수축이 덜 되므로 썰 때 크기를 고려한다.
- 제육구이를 할 때 다진 마늘, 다진 파가 거칠면 타기 때문에 곱게 다져 양념장에 섞어 사용한다.

조리 과정

1 파, 마늘, 생강은 곱게 다진다.

2 고추장 양념장을 만든다(고추장 2T, 간장 1t, 설탕 1/2T, 참기름 1t, 깨소금 1t, 다진 파 2t, 마늘 1t, 후춧가루 약간, 다진 생강 약간).

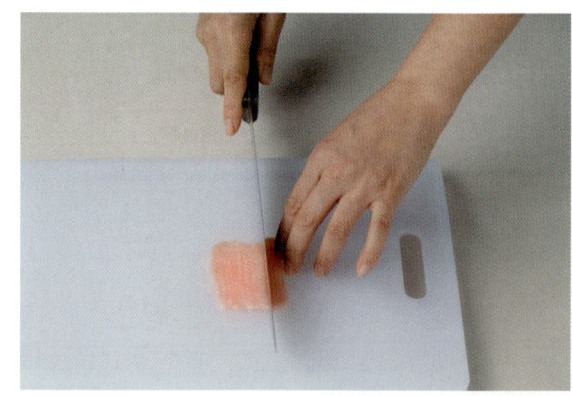

3 돼지고기는 수분, 기름, 힘줄을 제거한 후 결 반대로 4.5×5.5×0.4cm로 썰어 칼등으로 두드려 연육한다.

Tip 돼지고기는 수분을 잘 제거하면 썰 때 밀리지 않아서 썰기 편하다.

4 돼지고기를 접시에 놓고 고추장 양념장을 앞뒤로 골고루 발라 포개어 재워둔다.

5 석쇠를 달군 후에 식용유를 바른다.

6 양념한 돼지고기를 0.3cm로 겹치게 얹은 후 앞뒤로 타지 않도록 골고루 구워 완전히 익혀낸다.

7 완성접시에 제육구이 전량을 담아낸다.

너비아니구이

궁중식 불고기로 알려진 한국 요리로 조선시대 궁중에서 즐겨 먹었던 음식이다. '너비아니'란 말은 소고기를 너붓너붓하게 썰었다 하여 붙여진 이름이다. 잔칼질을 많이 하여 육질이 부드러운 것이 특징이다.

지급재료
- 소고기(안심 또는 등심) 100g(덩어리로)
- 진간장 50mL
- 대파(흰부분, 4cm) 1토막
- 마늘(깐 것) 2쪽(중)
- 검은 후춧가루 2g
- 흰설탕 10g
- 깨소금 5g
- 참기름 10mL
- 배(50g 지급) 1/8개
- 식용유 10mL
- 잣(깐 것) 5개

소고기 양념장 진간장 1T, 설탕 1/2T, 배즙 1t, 다진 파 1t, 다진 마늘 1t, 후춧가루 약간, 깨소금 1/2t, 참기름 1/2T
고명 잣가루(5알)

요구사항

※ 주어진 재료를 사용하여 다음과 같이 너비아니구이를 만드시오.

1. 완성된 너비아니는 0.5cm×4cm×5cm로 하시오.
2. 석쇠를 사용하여 굽고, 6쪽 제출하시오.
3. 잣가루를 고명으로 얹으시오.

합격 TIP
- 양념장에 들어가는 파와 마늘은 최대한 곱게 다져야 고기를 구울 때 타지 않는다.
- 소고기는 양념장에 충분히 재운 후 구워야 색이 예쁘다.
- 소고기는 구우면 줄어들므로 요구 사항보다 크게 썬다.

조리 과정

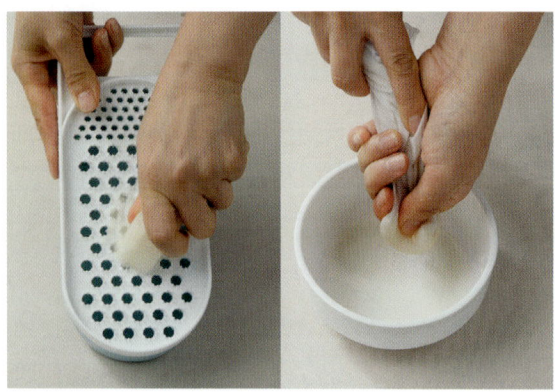

1 배는 껍질을 벗겨 강판에 갈아 면포나 체에 내려 즙을 낸다.

2 파, 마늘을 곱게 다져 양념장을 만든다(진간장 1T, 설탕 1/2T, 배즙 1t, 다진 파 1t, 다진 마늘 1t, 후춧가루 약간, 깨소금 1/2t, 참기름 1/2T).

3 소고기는 키친타월에 수분을 제거하여 결의 반대 방향으로 5×6×0.4cm 크기로 썬다.
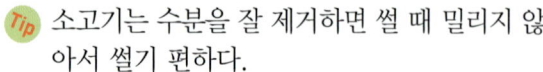 소고기는 수분을 잘 제거하면 썰 때 밀리지 않아서 썰기 편하다.

4 소고기를 칼등으로 자근자근 두드려 연육을 한 다음 배즙 2T에 재운다.

5 배즙에 재운 소고기를 체에 밭쳐 수분을 빼고 양념장에 재운다.
Tip 양념에 배즙이 많이 들어가면 구울 때 양념이 떨어진다.

6 잣은 고깔을 떼고 종이 위에서 칼날로 곱게 다진다.

7 양념이 충분히 스며들면 석쇠에 식용유를 바르고 소고기를 올려 굽는다.
Tip 소고기를 0.5cm 정도 겹치게 석쇠에 올려 구우면 가장자리가 타는 것을 줄일 수 있다.

8 완성그릇에 담고 고명으로 잣가루를 얹는다.

더덕구이

더덕은 인삼이나 산도라지와 비슷하지만 맛은 다르다. 더덕은 향기롭고 살이 연해서 도라지보다 훨씬 더 귀하고 품격 있게 대접받는 나물이다. 어린잎을 삶아서 나물로 만들어 먹거나 쌈으로 먹고, 뿌리는 고추장 장아찌, 생채, 자반, 구이, 누름적, 정과, 술 등을 만들어도 제각각 다른 맛을 내는 것이 더덕의 매력이다.

지급재료

- 통더덕 3개
  (껍질 있는 것, 길이 10~15cm)
- 진간장 10mL
- 대파(흰부분 4cm) 1토막
- 마늘(깐 것) 1쪽(중)
- 고추장 30g
- 흰설탕 5g
- 깨소금 5g
- 참기름 10mL
- 소금(정제염) 10g
- 식용유 10mL

유장 참기름 2t, 진간장 1t
양념장 고추장 1.5T, 설탕 1/2T, 다진 파 1t, 다진 마늘 1/2t, 깨소금 약간, 참기름 약간

요구사항

※ 주어진 재료를 사용하여 다음과 같이 더덕구이를 만드시오.

1 더덕은 껍질을 벗겨 사용하시오.
2 유장으로 초벌구이하고, 고추장 양념으로 석쇠에 구우시오.
3 완성품은 전량 제출하시오.

합격 TIP

- 더덕이 굵으면 반으로 가른 다음 안쪽에 칼집을 넣어 주면 방망이로 밀 때 부서지지 않고 겉면이 매끈하게 된다.
- 더덕에 유장을 너무 많이 바르면 구운 후 질척해지고, 고추장 양념이 잘 흡수되지 않으니 살짝 발라 초벌구이해야 한다.
- 더덕을 충분히 애벌구이해야 고추장 양념을 발라 구웠을 때 양념이 잘 스며들고 타지 않는다.

더덕구이

조리 과정

1 통 더덕은 먼저 깨끗이 씻은 후 칼로 돌려가면서 껍질을 벗긴다.

2 더덕을 길이로 반을 갈라 소금물에 담가 쓴맛을 제거한다.

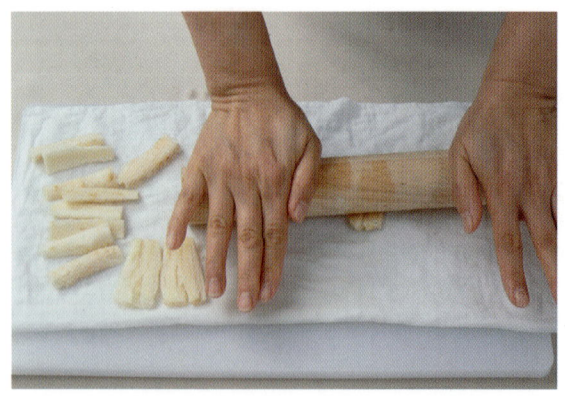

3 면포에 더덕을 올려 면포를 덮고, 밀대로 밀거나 자근자근 두드려 편평하게 편다.
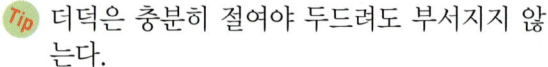
더덕은 충분히 절여야 두드려도 부서지지 않는다.

4 참기름 2t, 진간장 1t를 혼합하여 유장을 만들어 더덕에 재운다.

5 달군 석쇠에 식용유를 바르고 유장 바른 더덕을 애벌구이한다.

6 파, 마늘을 곱게 다져 고추장 양념을 만든다(고추장 1.5T, 설탕 1/2T, 다진 파 1t, 다진 마늘 1/2t, 깨소금 약간, 참기름 약간).

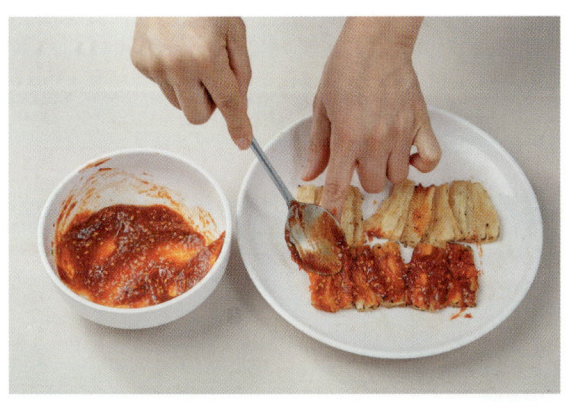

7 애벌구이 한 더덕에 양념장을 골고루 바른다.

8 고추장 양념을 바른 더덕을 석쇠에 다시 굽는다.
Tip 석쇠에 더덕과 더덕 사이에 공간 없이 부쳐서 놓고 구워야 가장자리 타는 것을 줄일 수 있다.

9 완성접시에 껍질이 밑으로 가게 가지런히 담아낸다.

더덕구이

생선양념구이

생선양념구이는 다른 조리방법보다 내용물의 용출이 적고 고추장에 갖은 양념을 넣어 양념장을 만들므로 비린 맛을 제거할 수 있어 생선을 싫어하는 사람에게 좋은 조리 방법이다.

지급재료
- 조기 (100g~120g) 1마리
- 진간장 20mL
- 대파(흰부분 4cm) 1토막
- 마늘(깐 것) 1쪽(중)
- 고추장 40g
- 흰설탕 5g
- 깨소금 5g
- 참기름 5mL
- 소금(정제염) 20g
- 검은 후춧가루 2g
- 식용유 10mL

양념장 고추장 2T, 설탕 1/2T, 다진 파 2t, 다진 마늘 1t, 깨소금, 후춧가루 약간, 참기름 약간
유장   간장 1t, 참기름 1t

요구사항

※ 주어진 재료를 사용하여 다음과 같이 생선양념구이를 만드시오.

1. 생선은 머리와 꼬리를 포함하여 통째로 사용하고 내장은 아가미쪽으로 제거하시오.
2. 칼집 넣은 생선은 유장으로 초벌구이하고, 고추장 양념으로 석쇠에 구우시오.
3. 생선구이는 머리 왼쪽, 배 앞쪽 방향으로 담아내시오.

- 석쇠에 식용유를 충분히 발라야 생선이 달라붙지 않는다.
- 초벌구이 할 때 생선을 충분히 익혀야 고추장 양념이 흘러내리지 않고 타지도 않는다.
- 생선의 익은 상태를 칼집 사이로 확인한다.
- 생선은 석쇠에 둔 채로 식히면 잘 떨어지고, 또 석쇠를 칼등으로 톡톡 두드려 조심해서 떼어낸다.
- 부서지지 않도록 주의하여 굽는다.

조리 과정

1 생선은 지느러미를 자른 후 칼을 꼬리 쪽에서 머리 쪽으로 비늘을 긁어 제거한다.

2 머리가 왼쪽으로 가야 하므로 뒤집어서 아가미를 떼어 낸다.

3 아가미 쪽으로 나무젓가락을 배꼽까지 넣어 조심해서 내장을 꺼낸다.

4 가위로 꼬리지느러미 부분은 일자 모양으로 자른다.

5 칼집을 2cm 간격으로 앞, 뒤로 넣고 소금을 뿌려둔다.

6 절인 생선을 씻어 면포로 물기를 닦은 후 유장을 만들어 앞뒤로 바른다.

7 파, 마늘, 곱게 다져서 양념장을 만든다(고추장 2T, 설탕 1t, 다진 파 2t, 다진 마늘 1t, 깨소금, 후춧가루 약간, 참기름 약간).

8 식용유를 발라 달군 석쇠에 유장을 바른 생선을 올려 애벌구이한다.
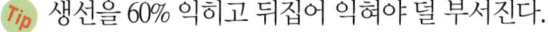
Tip 생선을 60% 익히고 뒤집어 익혀야 덜 부서진다.

9 접시 위에 석쇠를 올려놓고 양념장을 앞뒤로 바른 다음 석쇠에 구워 완성접시에 생선의 머리가 왼쪽, 꼬리는 오른쪽, 배는 앞쪽으로 오게 담는다.

북어구이

북어는 알라닌, 글리신, 아스파르트산 성분이 많아 알코올 해독과 간을 보호하는 기능을 한다. 한방에서 북어는 독사의 독이나 광견독뿐만 아니라, 여러 가지 공해로 인한 독을 해독하는 능력이 있어 북어를 달이거나 국을 끓여 먹으면 좋다고 한다.

시험시간 20분

지급재료

- 북어포 1마리(40g)
  (반을 갈라 말린 껍질이 있는 것)
- 진간장 20mL
- 대파(흰부분, 4cm) 1토막
- 마늘(깐 것) 2쪽(중)
- 고추장 40g
- 흰설탕 10g
- 깨소금 5g
- 참기름 15mL
- 검은 후춧가루 2g
- 식용유 10mL

유장 진간장 1t, 참기름 1T
고추장 양념장 고추장 2T, 설탕 2t, 다진 파 2t, 다진 마늘 1t, 후춧가루 약간, 깨소금 1/2t, 참기름 약간

요구사항

※ 주어진 재료를 사용하여 다음과 같이 북어구이를 만드시오.

1. 구워진 북어의 길이는 5cm로 하시오.
2. 유장으로 초벌구이 하고, 고추장 양념으로 석쇠에 구우시오.
3. 완성품은 3개를 제출하시오.
   (단, 세로로 잘라 3/6토막 제출할 경우 수량 부족으로 실격 처리됩니다)

- 북어는 말랐을 때 자르면 부서지니 꼭 적신 다음 잘라준다.
- 북어는 애벌구이를 잘해야 완성되었을 때 보기도 좋고 맛도 좋다.

조리 과정

1 북어포는 물에 씻어 충분히 적신 후 껍질이 밑으로 가게 해서 젖은 면포를 덮고 물을 자작하게 넣어 불린다.

2 파, 마늘은 곱게 다져서 양념을 섞어 고추장 양념장을 만든다(고추장 2T, 설탕 2t, 다진 파 2t, 다진 마늘 1t, 후춧가루 약간, 깨소금 1/2t, 참기름 약간).

4 북어의 껍질 쪽에 잔칼집을 촘촘하게 넣어 준다.

3 불린 북어포는 비늘, 머리, 꼬리, 지느러미, 잔가시, 뼈를 제거하여 물기를 가볍게 짜준다.

5 몸통 쪽은 6cm 길이 꼬리 쪽은 7cm로 3등분한다.

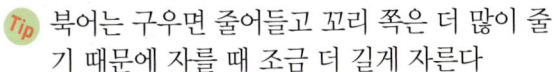
북어는 구우면 줄어들고 꼬리 쪽은 더 많이 줄기 때문에 자를 때 조금 더 길게 자른다

6 북어포를 유장에 재운 다음 석쇠에 애벌구이한다.

7 애벌구이 한 북어포에 고추장 양념장을 골고루 발라 잠깐 재웠다가 양념장이 타지 않게 골고루 굽는다.

8 완성접시에 북어 3토막을 담아낸다.

북어구이

섭산적

산적(散炙)은 여러 가지 재료를 각각 같은 길이로 썰어서 양념하여 꼬챙이에 꿰어서 석쇠에 굽는 것이며 섭산적은 고기를 곱게 다져 양념하여 반대기를 지어 구운 적을 말한다.

지급재료

- 소고기(살코기) 80g
- 두부 30g
- 대파(흰부분 4cm) 1토막
- 마늘(깐 것) 1쪽(중)
- 소금(정제염) 5g
- 흰설탕 10g
- 깨소금 5g
- 참기름 5mL
- 검은 후춧가루 2g
- 잣(깐 것) 10개
- 식용유 30mL

소고기 양념 소금 약간, 설탕 약간, 다진 파 1t, 마늘 1/2t, 후춧가루 약간, 깨소금 약간, 참기름 1t

요구사항

※ 주어진 재료를 사용하여 다음과 같이 섭산적을 만드시오.

1. 고기와 두부의 비율을 3 : 1 로 하시오.
2. 다져서 양념한 소고기는 크게 반대기를 지어 석쇠에 구우시오.
3. 완성된 섭산적은 0.7cm×2cm×2cm로 9개 이상 제출하시오.
4. 잣가루를 고명으로 얹으시오.

- 고기와 두부는 곱게 다지고 많이 치대야 구울 때 부서지지 않고 모양이 예쁘다.

조리과정

1 두부는 면포로 물기를 꼭 짠 다음 칼등으로 곱게 으깬다.

2 파, 마늘은 곱게 다진다.

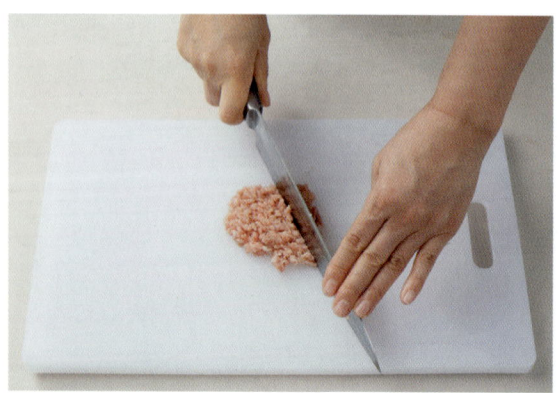

3 소고기는 기름기, 힘줄을 제거한 후 곱게 다져 핏물을 제거한다.

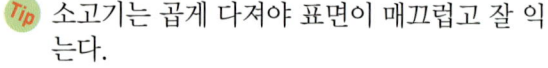

Tip 소고기는 곱게 다져야 표면이 매끄럽고 잘 익는다.

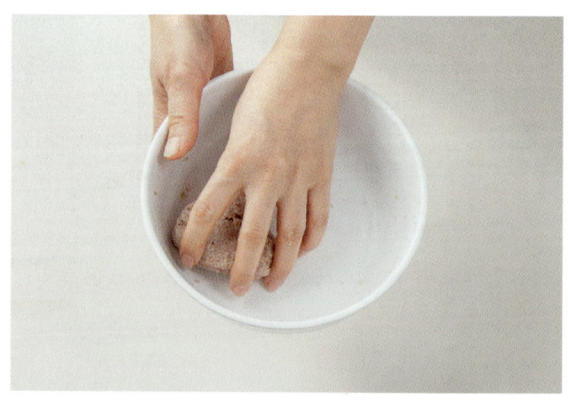

4 소고기, 두부에 양념을 넣고 끈기가 생기도록 치댄다(소금 약간, 설탕 약간, 다진 파 1t, 마늘 1/2t, 후춧가루 약간, 깨소금 약간, 참기름 1t).

5 잣은 고깔을 제거하여 종이에 놓고 곱게 다져 잣가루를 만든다.

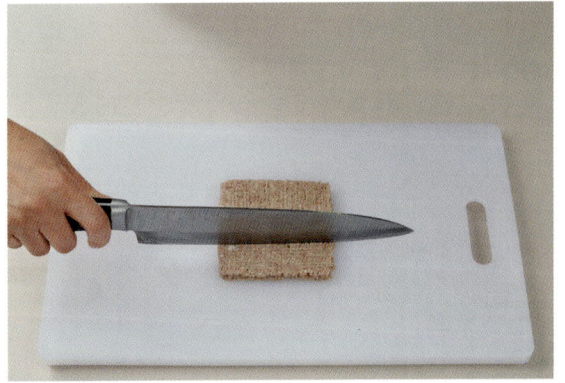

6 치댄 고기와 두부를 9×9×0.6cm 일정한 두께로 네모나게 만들어 앞·뒷면에 가로, 세로로 잔칼집을 준다.

7 석쇠에 기름을 발라 달군 후 성형한 반대기를 얹어 앞·뒤로 타지 않게 굽는다.

8 구운 섭산적이 식으면 가장자리를 자르고 2×2cm 길이로 9개를 일정한 크기로 썰어 완성그릇에 담고, 위에 잣가루를 보기 좋게 올린다.

Tip 고기는 반드시 식혀서 톱질하듯이 썰어야 부서지지 않게 썰 수 있다.

화양적

화양적은 '화양누르미'라고도 하는데 '삶은 도라지를 잘게 찢어 쇠고기, 버섯과 섞어 양념해서 꼬챙이에 꿰어 끝에 삼색 사지(絲紙)를 감은 음식 또는 도라지, 소의 양과 허파, 꿩고기, 닭고기, 생전복 등을 백숙하여 양념한 다음 주물러 꼬챙이에 한 가지씩 꿰고 알고명을 실같이 썰어 위에 얹은 음식'이라 하였다.

지급재료

- 소고기(살코기, 길이 7cm) 50g
- 건표고버섯(물에 불린 것) 1개 (지름 5cm, 부서지지 않은 것)
- 당근(곧은 것, 길이 7cm) 50g
- 오이(가늘고 곧은 것, 길이 20cm) 1/2개
- 통도라지(껍질 있는 것, 길이 20cm) 1개
- 산적꼬치(길이 8~9cm) 2개
- 진간장 5mL
- 대파(흰부분 4cm) 1토막
- 마늘(깐 것) 1쪽(중)
- 소금(정제염) 5g
- 흰설탕 5g
- 깨소금 5g
- 참기름 5mL
- 검은 후춧가루 2g
- 잣(깐 것) 10개
- 달걀 2개
- 식용유 30mL

소고기, 표고버섯 양념 진간장 1t, 설탕 1/3t, 다진 파 1/2t, 다진 마늘 1/3t, 후춧가루 약간, 깨소금 1/4t, 참기름 1t

요구사항

※ 주어진 재료를 사용하여 다음과 같이 화양적을 만드시오.

1. 화양적은 0.6cm×6cm×6cm로 만드시오.
2. 달걀노른자로 지단을 만들어 사용하시오(단, 달걀흰자 지단을 사용하는 경우 실격으로 처리됩니다).
3. 화양적은 2꼬치를 만들고 잣가루를 고명으로 얹으시오.

합격 TIP

- 당근은 너무 익히거나 덜 익으면 부러지기 쉬우니 원하는 개수보다 여유분을 만들면 좋다.
- 2개의 작품을 꼬지에 끼울 때 순서가 같아야 한다.
- 소고기는 익으면 수축이 많이 되므로 다른 재료보다 약간 길게 만든다.

조리 과정

1. 냄비에 데칠 물 2컵 정도를 올리고, 도라지는 껍질을 벗겨 6×1×0.6cm로 썬다.

2. 당근은 6×1×0.6cm로 썬다.

3. 당근과 도라지는 소금물에 데쳐 찬물에 헹군 다음 물기를 제거한다.

4. 오이는 6×1×0.6cm로 썰어 소금에 절였다가 헹궈 물기를 제거한다.

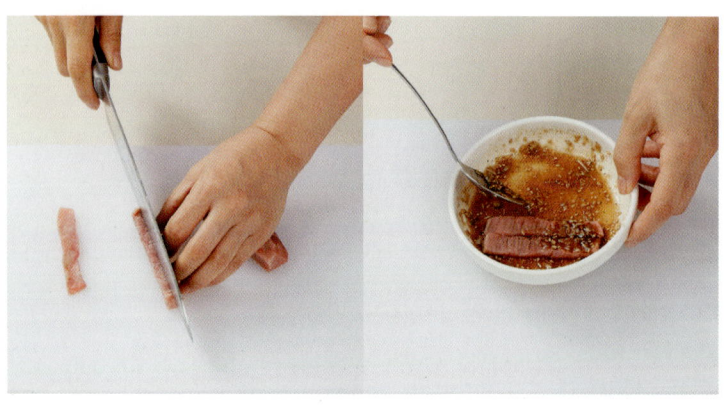

5. 파, 마늘은 곱게 다져 양념장을 만든다 (진간장 1t, 설탕 1/3t, 다진 파 1/2t, 다진 마늘 1/3t, 후춧가루 약간, 깨소금 1/4t, 참기름 1t).

6. 소고기는 결 반대 방향으로 8×1cm×0.5cm로 썰어서 칼등으로 두드려 소고기 양념에 재운다.

> Tip 소고기는 익으면 줄어들기 때문에 다른 재료 길이보다 1~2cm 정도 더 길게 잘라준다.

7 표고버섯은 수분과 기둥을 제거하고 6×1×0.6cm로 썰어 양념장에 재운다.

8 달걀은 황·백으로 분리한 후 노른자에만 약간의 소금을 넣고 잘 풀어 놓는다.

9 달군 팬에 식용유를 약간 두르고 약불에서 노른자를 펴서 익기 전에 접어 0.6cm 두께로 완전히 익힌다.

10 지단이 식으면 길이 6×1×0.6cm로 썰어 놓는다.
Tip 흰자를 쓰면 오작이다.

11 달군 팬에 약간의 식용유를 두르고 도라지, 오이, 당근, 표고버섯, 소고기 순으로 각각 볶아 식힌다.

12 잣은 고깔을 떼고 곱게 다져 잣가루를 만든다.

13 꼬치에 재료를 색 맞춰 끼우고 위로 1cm 꼬치 양쪽 1cm를 남기고 정리하여 담고 잣가루를 얹는다.

화양적

지짐누름적

지짐누름적은 재료를 꼬치에 꿴 다음 밀가루와 달걀옷을 씌워 노릇하게 지져 낸 것으로 화양누름적과 잡누름적이 대표적이다.

시험시간 35분

지급재료

- 소고기(살코기, 길이 7cm) 50g
- 건표고버섯(물에 불린 것) 1개 (지름 5cm, 부서지지 않은 것)
- 당근(곧은 것, 길이 7cm) 50g
- 쪽파(중) 2뿌리
- 통도라지(껍질있는 것, 길이 20cm) 1개
- 밀가루(중력분) 20g
- 달걀 1개
- 참기름 5mL
- 산적꼬치(길이 8~9cm) 2개
- 식용유 30mL
- 소금(정제염) 5g
- 진간장 10mL
- 흰설탕 5g
- 대파(흰부분 4cm) 1토막
- 마늘(깐 것) 1쪽(중)
- 검은 후춧가루 2g
- 깨소금 5g

○------

소고기, 표고 양념장 진간장 2t, 설탕 1/3t, 다진 파 1/2t, 다진 마늘 1/3t, 후춧가루 약간, 깨소금 1/4t, 참기름 1t

요구사항

※ 주어진 재료를 사용하여 다음과 같이 지짐누름적을 만드시오.

1 각 재료는 0.6cm×1cm×6cm로 하시오.
2 누름적의 수량은 2개를 제출하고, 꼬치는 빼서 제출하시오.

- 소고기에 힘줄이 있으면 칼끝으로 힘줄을 끊어줘야 편평하게 익는다.
- 양념장에 설탕, 파, 마늘, 깨소금을 많이 넣으면 잘 타고 참기름을 넉넉하게 넣으면 윤기나게 잘 익는다.

조리 과정

1 냄비에 데칠 물 2컵을 올린다.

2 도라지와 당근은 껍질을 벗겨 6×1×0.6cm로 썰어 끓는 물에 약간의 소금을 넣고 데쳐서 찬물에 헹궈 물기를 제거한다.

3 파, 마늘은 곱게 다져서 소고기, 표고버섯 양념장을 만든다(진간장 2t, 설탕 1/3t, 다진 파 1/2t, 다진 마늘 1/3t, 후춧가루 약간, 깨소금 1/4t, 참기름 1t).

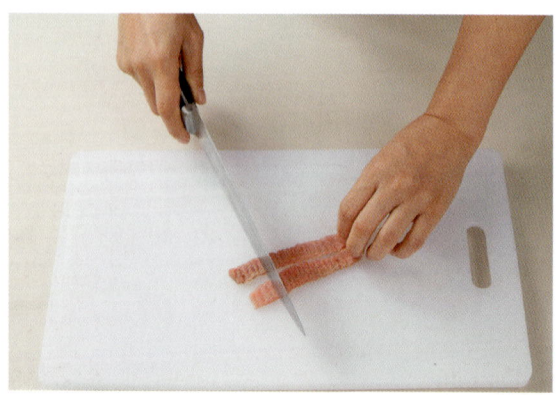

4 소고기는 길이 8×1×0.5cm로 썰어서 칼등으로 두드려 양념장에 재운다.
Tip 소고기는 익으면 길이가 줄고 두꺼워지므로 썰 때 결 반대로 썰고 연육을 많이 한다.

5 불린 표고버섯은 수분과 기둥을 제거하고 6×1×0.6cm로 썰어 양념을 한다.

6 팬에 식용유를 두르고 도라지, 당근, 소고기, 표고버섯 순서로 익힌다.

7 실파는 6cm 길이로 잘라 소금, 참기름에 묻힌다.

8 산적 꼬치에 재료의 윗부분을 1cm를 남기고 색을 맞춰 끼워서 재료의 뒷면에 밀가루를 바르고 달걀물을 묻혀 기름 두른 팬에 약한 불로 앞뒤를 익힌다.

Tip 밀가루는 재료에 뒷면만 묻히고, 달걀물은 앞뒤로 묻혀야 각각의 색을 살릴 수 있다.

9 지짐누름적이 식으면 꼬치를 돌려서 빼고, 완성 접시에 담는다.

풋고추전

고추의 매운맛을 나타내는 캡사이신은 위 속에 들어가 위막을 기계적으로 자극하여 식욕을 증진시키는 효과가 있는데, 이를 적당히 먹으면 식욕을 촉진하고 정장작용을 하며 뇌에서 엔돌핀 생성을 촉진시켜 기분도 좋게 만든다. 캡사이신은 우리 몸에 들어가서 소화효소로 바뀌기 때문에 식욕을 당기게 해주는데 식사 시에는 식욕을 촉진하고 섭취량을 증가시키지만 일단 섭취한 후에는 열 생산 증가와 체지방 감소 효과가 있어 다이어트에 좋다.

지급재료

- 풋고추(길이 11cm 이상) 2개
- 소고기(살코기) 30g
- 두부 15g
- 밀가루(중력분) 15g
- 달걀 1개
- 대파(흰부분 4cm) 1토막
- 검은 후춧가루 1g
- 참기름 5mL
- 소금(정제염) 5g
- 깨소금 5g
- 마늘(깐 것) 1쪽(중)
- 식용유 20mL
- 흰설탕 5g

소 양념 소금 약간, 설탕 약간, 다진 파 1/2t, 다진 마늘 1/4t, 검은 후춧가루 약간, 깨소금 약간, 참기름 1/2t

요구사항

※ 주어진 재료를 사용하여 다음과 같이 풋고추전을 만드시오.

1. 풋고추는 5cm 길이로, 소를 넣어 지져 내시오.
2. 풋고추는 잘라 데쳐서 사용하며, 완성된 풋고추전은 8개를 제출하시오.

- 풋고추 색이 변하지 않도록 주의한다.

풋고추전

조리 과정

1. 냄비에 데칠 물 3컵을 얹는다.

2. 풋고추는 반으로 갈라 씨를 제거하여 5cm 길이로 자른다.

3. 풋고추는 끓는 물에 약간의 소금을 넣고, 살짝 데친 후 찬물에 헹궈 물기를 제거한다.

   Tip 풋고추는 끓는 물에 약간의 소금을 넣고 살짝 데쳐 곧바로 찬물에 헹궈야 색이 변하지 않고, 물기를 잘 제거해야 소가 빠지지 않는다.

4. 파, 마늘은 곱게 다진다.

5. 두부는 면포로 물기를 꼭 짠 후 칼등으로 곱게 으깬다.

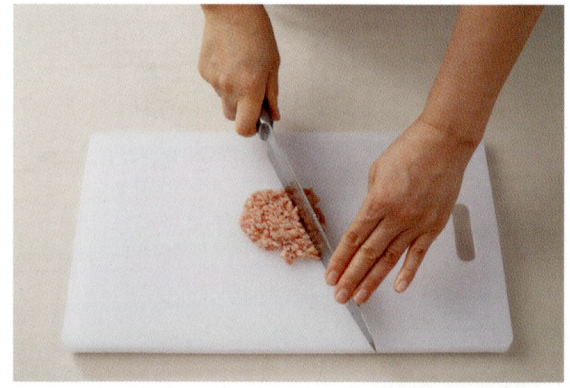

6. 소고기는 핏물, 기름기, 힘줄을 제거하여 곱게 다진다.

edukyungrok.com

7 소고기, 두부는 양념을 하여 끈기가 생기도록 충분히 치대어 소를 만든다(소금 약간, 설탕 약간, 다진 파 1/2t, 다진 마늘 1/4t, 검은 후춧가루 약간, 깨소금 약간, 참기름 1/2t).

8 데친 풋고추 안쪽에 밀가루를 묻히고 양념한 소를 편평하게 채운 후 소 있는 쪽만 밀가루를 묻혀 여분의 밀가루는 털어내고 달걀물 순으로 묻힌다.

9 팬에 식용유를 두르고 약불에서 속까지 충분히 익힌다.
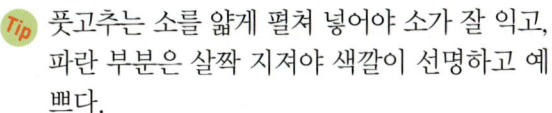
Tip 풋고추는 소를 얇게 펼쳐 넣어야 소가 잘 익고, 파란 부분은 살짝 지져야 색깔이 선명하고 예쁘다.

10 완성접시에 보기 좋게 담아낸다.

풋고추전 75

표고전

표고버섯은 참나무, 졸참나무, 너도밤나무 등 활엽수에 기생하는 송이과에 속하는 식용버섯으로서 항암 효과가 우수한 버섯 중의 하나이다. 표고버섯에는 베타글루칸 성분의 일종인 렌티난(lentinan)을 비롯한 6종의 다당류가 들어 있어 항종양성 및 면역증강 작용을 한다. 최근에는 렌티난은 천연의 방어 물질인 인터페론을 생성하여 면역증강 작용 및 항암작용을 하는 데 도움을 주는 것으로 보고되었다.

지급재료

- 건표고버섯 5개
  (지름 2.5~4cm, 부서지지 않은 것을 불려서 지급)
- 소고기(살코기) 30g
- 두부 15g
- 밀가루(중력분) 20g
- 달걀 1개
- 대파(흰부분 4cm) 1토막
- 검은 후춧가루 1g
- 참기름 5mL
- 소금 5g
- 깨소금(정제염) 5g
- 마늘(깐 것) 1쪽(중)
- 식용유 20mL
- 진간장 5mL
- 흰설탕 5g

표고버섯 유장 진간장 1t, 설탕 1/2t, 참기름 1/2t
소 양념 소금 약간, 설탕 약간, 다진 파 1/2t, 다진 마늘 1/4t, 검은 후춧가루 약간, 깨소금 약간, 참기름 1/2t

요구사항

※ 주어진 재료를 사용하여 다음과 같이 표고전을 만드시오.

1 표고버섯은 속을 각각 양념하여 사용하시오.
2 표고전은 5개를 제출하시오.

- 건표고버섯은 따뜻한 물에 설탕을 넣고 불리면 빨리 불릴 수 있다.
- 소를 많이 넣으면 잘 안 익으므로 얇게 펴서 꼼꼼히 넣는다.

조리 과정

1 표고버섯은 기둥과 수분을 제거하고 유장에 재운다.

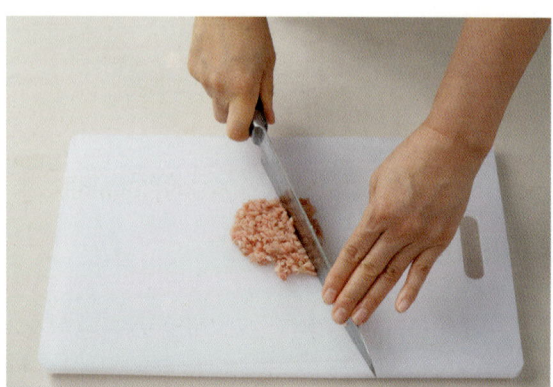

3 소고기는 기름기, 힘줄, 핏물을 제거하여 곱게 다진다.

2 파, 마늘을 곱게 다진다.

4 두부는 젖은 면포로 물기를 꼭 짠 다음 칼등으로 곱게 으깬다.

5 소고기, 두부에 소 양념을 넣고 끈기가 생기도록 충분히 치댄다(소금 약간, 설탕 약간, 다진 파 1/2t, 다진 마늘 1/4t, 검은 후춧가루 약간, 깨소금 약간, 참기름 1/2t).

6 표고버섯은 안쪽에 밀가루를 골고루 묻히고, 소를 편평하게 채우고 밀가루는 고기 쪽에만 묻힌다.

7 달걀노른자에 흰자 1큰술 정도와 약간의 소금을 넣고 잘 섞은 후 고기 쪽에 달걀물을 입힌다.

8 표고버섯은 달군 팬에 식용유를 두르고 약불에서 지져낸다.

9 완성접시에 보기 좋게 담아낸다.

Tip 완성그릇에 담을 때 표고버섯 4개는 바깥쪽이 보이게 올리고 중앙에는 표고버섯 중 가장 잘 지져진 것을 뒤집어서 올린다.

생선전

담백한 흰 살 생선 살에 밀가루와 달걀물을 묻혀 기름에 지진 음식이다. 생선살로 만든다고 하여 전유어(煎油魚)라고 하며, 모양이 아름다워 전유화(煎油花)라고도 하는데 명절이나 잔칫상에 주로 오르는 음식이다.

지급재료

- 동태 (400g) 1마리
- 밀가루(중력분) 30g
- 달걀 1개
- 소금(정제염) 10g
- 흰 후춧가루 2g
- 식용유 50mL

요구사항

※ 주어진 재료를 사용하여 다음과 같이 생선전을 만드시오.

1. 생선은 세장 뜨기하여 껍질을 벗겨 포를 뜨시오.
2. 생선전은 0.5cm×5cm×4cm로 만드시오.
3. 달걀은 흰자, 노른자를 혼합하여 사용하시오.
4. 생선전은 8개 제출하시오.

- 포 뜬 생선살에 물기가 많으면 부서지기 때문에 수분 제거를 잘 한다.
- 생선의 안쪽(뼈 있었던 곳)을 먼저 지져야 생선전의 모양이 좋다.
- 생선전의 개수가 부족하면 생선 조각을 연결하여 요구하는 개수를 맞춘다.

조리 과정

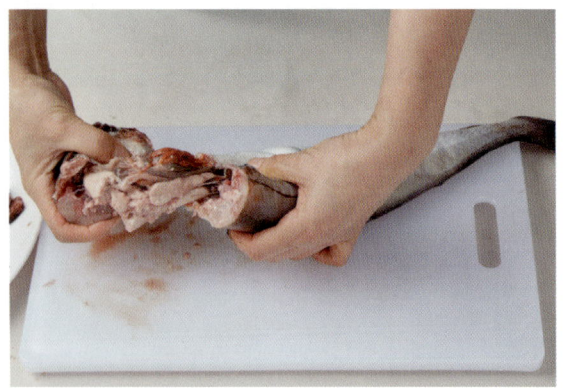

1️⃣ 동태는 지느러미, 비늘을 제거한 후 깨끗이 씻어 머리를 자르고 내장과 검은 막을 제거하여 깨끗이 씻는다.

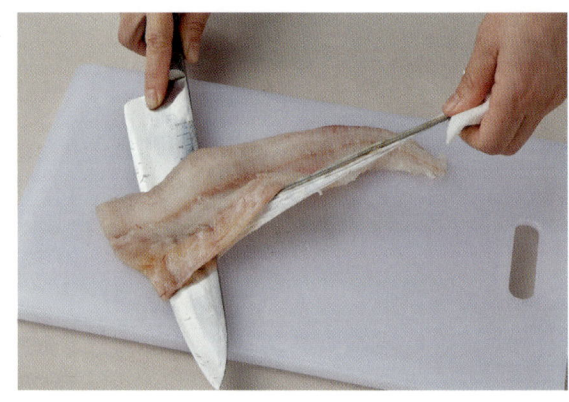

3️⃣ 동태의 껍질을 바닥으로 놓고, 꼬리를 당기고 칼을 밀면서 껍질을 당겨 벗긴다.

2️⃣ 동태는 3장 포뜨기를 한 후 물기를 제거한다.

4️⃣ 생선을 5×4×0.4cm 크기로 어슷하게 포를 떠 소금, 흰 후춧가루로 밑간을 한다.

> Tip 생선은 익으면 크기는 줄고 두꺼워지므로 요구 사항보다 조금 얇고 넓게 포를 뜬다.

5 달걀은 흰자 1큰술을 덜어내고 약간의 소금을 넣고 달걀을 풀어 놓는다.
Tip 흰자를 많이 버리면 달걀이 부족할 수 있으므로 유의한다.

6 밑간한 생선살에 밀가루를 묻혀 여분의 밀가루는 털어내고, 달걀물을 입힌다.

7 달궈진 팬에 식용유를 두르고 생선살을 약불에서 속까지 익도록 노릇하게 지져 낸다.

8 완성 접시에 뼈 쪽이 위로 오도록 8개를 담아낸다.

육원전

쇠고기를 곱게 다져서 두부와 함께 섞고 양념하여 둥글게 빚어서 지진 음식이다. 쇠고기를 넣고 둥글게 빚어 지진 전이라는 설과 옛날 엽전과 같다고 해서 육원전이라 했다는 설이 있다.

지급재료				
• 소고기(살코기)	70g	• 검은 후춧가루	2g	
• 두부	30g	• 참기름	5mL	
• 밀가루(중력분)	20g	• 소금(정제염)	5g	
• 달걀	1개	• 마늘(깐 것)	1쪽(중)	
• 식용유	30mL	• 깨소금	5g	
• 대파(흰부분 4cm)	1토막	• 흰설탕	5g	

소 양념 소금 약간, 설탕 약간, 다진 대파 2t, 다진 마늘 1t, 후춧가루 약간, 깨소금 1/4t, 참기름 1t

요구사항

※ 주어진 재료를 사용하여 다음과 같이 육원전을 만드시오.

1. 육원전은 지름이 4cm, 두께 0.7cm가 되도록 하시오.
2. 달걀은 흰자, 노른자를 혼합하여 사용하시오.
3. 육원전은 6개를 제출하시오.

- 완자를 만들 때 가운데가 살짝 들어가게 만들어야 익으면 표면이 수평이 되어 예쁘다.
- 완자는 약 불에서 은근하게 익혀야 속까지 잘 익는다.

육원전 85

조리 과정

1 두부는 면포로 물기를 제거한 후 칼등으로 곱게 으깬다.

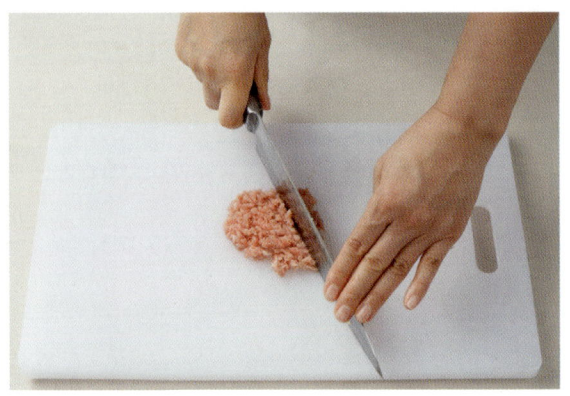

2 소고기는 핏물을 제거하고 곱게 다진다.
Tip 소고기는 곱게 다져야 완성 후 표면이 매끄럽고 잘 익는다.

3 파, 마늘을 곱게 다진다.

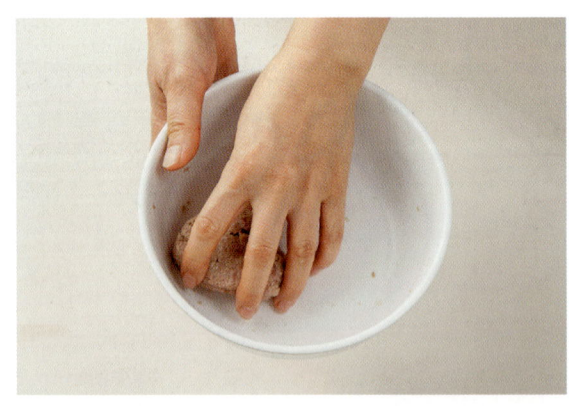

4 으깬 두부와 다진 소고기에 소 양념을 넣고 끈기가 나도록 치댄다(소금 약간, 설탕 약간, 다진 대파 2t, 다진 마늘 1t, 후춧가루 약간, 깨소금 1/4t, 참기름 1t).

5 완자의 크기는 지름 4.5cm, 두께 0.6cm 크기로 완자의 가운데를 약간 얇게 빚고 옆면을 각이 생기게 6개를 빚는다.
Tip 완자는 익으면 크기가 줄기 때문에 요구 사항보다 약간 더 크게 하고, 두께는 얇게 빚는다.

6 달걀노른자에 흰자 1큰술과 약간의 소금을 넣고 잘 섞는다.

7 완자에 밀가루와 달걀물을 입혀 팬에 기름을 두르고 약한 불에서 속까지 익도록 앞뒤로 지져낸다.
Tip 완성된 완자를 뜨거울 때 겹쳐 놓으면 달걀옷이 벗겨진다.

8 완성 접시에 6개를 담아낸다.

육원전 87

두부조림

콩으로 만든 두부는 단백질 함량이 40%나 되며 칼슘, 철분, 마그네슘, 복합 비타민 B류 등 중요한 영양소들이 풍부하다. 두부를 만드는 대두에 함유된 노란 색소를 이루는 이소플라본은 항암 성분으로 최근 각광을 받고 있는 생리 활성 물질이다.

시험시간 25분

지급재료

• 두부	200g	• 소금(정제염)	5g
• 대파(흰부분 4cm)	1토막	• 마늘(간 것)	1쪽(중)
• 실고추	1g	• 식용유	30mL
(길이 10cm, 1~2줄기)		• 진간장	15mL
• 검은 후춧가루	1g	• 깨소금	5g
• 참기름	5mL	• 흰설탕	5g

양념장 진간장 1T, 설탕 1t, 다진 파 1/2T, 다진 마늘 1t, 후춧가루 약간, 깨소금 1t, 참기름 1t
고명 대파 채 1/2T, 실고추 1g

요구사항

※ 주어진 재료를 사용하여 다음과 같이 두부조림을 만드시오.

1. 두부는 0.8cm×3cm×4.5cm로 잘라 지져서 사용하시오.
2. 8쪽을 제출하고, 촉촉하게 보이도록 국물을 약간 끼얹어 내시오.
3. 실고추와 파채를 고명으로 얹으시오.

합격 TIP

- 두부를 노릇노릇하게 구워야 조렸을 때 색이 예쁘게 나온다.
- 채썬 파와 실고추는 가지런히 올려야 보기가 좋다.
- 두부의 크기는 일정하게 자르고 촉촉해 보이도록 국물을 끼얹어 가면서 조린다.

조리 과정

1 두부는 4.5×3×0.8cm 크기로 8조각으로 썬다.

2 접시에 면포를 깔고 두부를 올리고 소금을 뿌린 후 물기를 제거한다.

> **Tip** 두부에 수분을 잘 제거해야 일정한 색으로 노릇하게 지져진다.

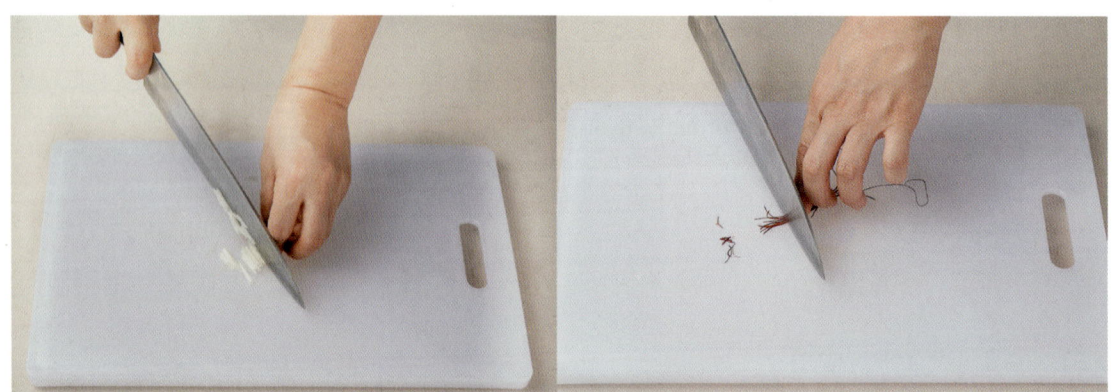

3 대파의 일부는 1.5cm 길이로 곱게 채썰고, 실고추도 같은 길이로 자르고, 나머지 파와 마늘은 곱게 다져 양념장을 만든다(진간장 1T, 설탕 1t, 다진 파 1/2T, 다진 마늘 1t, 후춧가루 약간, 깨소금 1t, 참기름 1t).

4 달궈진 팬에 기름을 두르고 두부를 노릇노릇하게 지진다.

5 두부를 냄비에 넣고 조림장을 얹은 후, 물 1/3컵을 넣어 뚜껑을 덮고 중 불에서 조린다.

6 물이 3T 정도 남으면 냄비 뚜껑을 열고 두부에 조림장을 끼얹어 윤기나게 조린 다음 대파 채와 실고추를 올리고 뚜껑을 덮고 1분 정도 뜸들인다.

7 완성접시에 긴 쪽으로 살짝 겹쳐서 8개를 담는다.

홍합초

초(炒)는 볶음을 의미한다. 홍합은 프로비타민 D 성분이 칼슘과 인의 체내 흡수를 도와 뼈를 튼튼하게 하고 골다공증 예방에 도움을 준다.

지급재료

- 생홍합 100g
  (굵고 싱싱한 것, 껍질 벗긴 것으로 지급)
- 대파(흰부분, 4cm) 1토막
- 검은 후춧가루 2g
- 참기름 5mL
- 마늘(깐 것) 2쪽(중)
- 진간장 40mL
- 생강 15g
- 흰설탕 10g
- 잣(깐 것) 5개

조림장 간장 1T, 설탕 2t, 물 4T, 검은 후춧가루

요구사항

※ 주어진 재료를 사용하여 다음과 같이 홍합초를 만드시오.

1. 마늘과 생강은 편으로, 파는 2cm로 써시오.
2. 홍합은 데쳐서 전량 사용하고, 촉촉하게 보이도록 국물을 끼얹어 제출하시오.
3. 잣가루를 고명으로 얹으시오.

- 홍합을 데칠 때 오래 데치면 홍합이 딱딱해지므로 살짝만 데친다.
- 홍합을 조릴 때 마지막에 센 불에서 국물을 끼얹으면서 조려야 윤기가 난다.
- 대파는 2cm 통으로 사용하고 너무 무르지 않게 졸이도록 한다.

조리 과정

1️⃣ 냄비에 물 3컵을 얹는다.

2️⃣ 홍합 안쪽의 털(족사)을 제거하고 물에 씻어 체에 밭쳐 놓는다.

3️⃣ 끓는 물에 넣고 살짝 데쳐서 찬물에 씻어 이물질을 제거한 후 체에 밭쳐놓는다.

4️⃣ 파는 2cm로 토막 내고, 마늘과 생강은 0.3cm의 두께로 편 썰어 놓는다.

5️⃣ 잣은 고깔을 떼어 키친타월에 놓고 칼날로 곱게 다져 잣가루를 만든다.

6 냄비에 조림장을 넣고 끓으면 데친 홍합을 넣고 거품을 제거하며 윤기나게 조린다(간장 1T, 설탕 2t, 물 4T, 검은 후춧가루).

7 국물이 반쯤 졸아들면 생강, 마늘, 대파를 넣어 중불에서 윤기나게 조리다 마지막에 참기름, 후추를 넣고 마무리한다.

8 완성그릇에 홍합을 등이 보이게 담고 촉촉하게 보이도록 국물을 약간 끼얹고 잣가루를 고명으로 얹어 낸다.

겨자채

『조선요리제법』에 겨자채로 『조선무쌍신식요리제법』에는 개자채로 소개되어 있다. 서울, 경기지역에서 많이 만들어 먹었고 지금은 전국적으로 많이 만들어 먹는다. 겨자는 소화액 분비 촉진, 만성 기관지염, 항염 작용과 관절염 치료에 효과가 있다.

시험시간 35분

지급재료

- 양배추(길이 5cm) 50g
- 오이(가늘고 곧은 것, 길이 20cm) 1/3개
- 당근(곧은 것, 길이 7cm) 50g
- 소고기(살코기) 50g
- 밤(생것, 껍질 깐 것) 2개(중)
- 달걀 1개
- 배(중, 길이로 등분) 50g(1/8개)
- 흰설탕 20g
- 잣(깐 것) 5개
- 소금(정제염) 5g
- 식초 10mL
- 진간장 5mL
- 겨자가루 6g
- 식용유 10mL

겨자장 발효겨자 1T, 설탕 1T, 식초 2t, 진간장 약간, 소금 약간

요구사항

※ 주어진 재료를 사용하여 다음과 같이 겨자채를 만드시오.

1. 채소, 편육, 황·백 지단, 배는 0.3cm×1cm×4cm로 써시오.
2. 밤은 모양대로 납작하게 써시오.
3. 겨자는 발효시켜 매운맛이 나도록 하여 간을 맞춘 후 재료를 무쳐서 담고, 통잣을 고명으로 올리시오.

- 채소는 규격에 맞게 같은 크기로 썰어서 찬물에 담가 싱싱해지도록 한다.
- 내기 직전에 버무려 숨죽지 않고 색이 살아 있게끔 무친다.

조리
과정

1 냄비에 물을 올려놓는다.

2 그릇에 겨잣가루 1T을 따뜻한 물 1T로 되직하게 개어 끓는 냄비 뚜껑 위에 그릇을 엎어서 10분 정도 발효시킨다.

3 소고기는 핏물을 제거하고 끓는 물에 덩어리째 삶아 면포에 싸서 식힌 후 4×1×0.3cm 두께로 썰어놓는다.

4 오이, 당근, 양배추는 4×1×0.3cm 두께로 썰어 찬물에 담근다.

5 밤은 모양대로 편 썰어 놓고 배는 4×1×0.3cm 두께로 썰어 설탕물에 담근다.

6 달걀은 황·백으로 나누어 소금을 약간 넣고 0.3cm 두께로 지단을 만든 후 4cm×1cm로 썰어 놓는다.

7 ④, ⑤의 재료들을 체에 받쳐 물기를 제거한다.

8 ①의 발효시킨 겨자에 설탕을 넣고 잘 저어준 후 식초, 간장, 소금을 넣어 겨자장을 만든다.

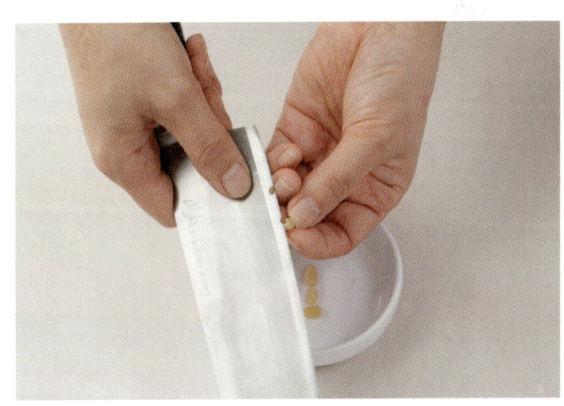

9 잣은 고깔을 떼어 놓는다.

10 황·백 지단을 제외한 재료에 겨자장을 넣고 버무린 다음 황·백 지단을 넣고 살살 버무린다.

11 그릇에 겨자채를 담고 통잣을 고명으로 올린다.

도라지생채

도라지는 한국, 중국 및 일본 등지에 널리 자생하는 다년생 초본인 초롱꽃과에 속하는 식물로서 호흡기 질환 치료 및 식용으로 널리 이용되고 있다.

시험시간 15분

지급재료

- 통도라지(껍질 있는 것) 3개
- 소금(정제염) 5g
- 고추장 20g
- 흰설탕 10g
- 식초 15mL
- 대파(흰부분, 4cm) 1토막
- 마늘(깐 것) 1쪽(중)
- 깨소금 5g
- 고춧가루 10g

초고추장 양념장 고추장 1/2T, 고춧가루 1t, 다진 파 1t, 다진 마늘 1/2t, 설탕 1t, 식초 1t, 깨소금 약간

요구사항

※ 주어진 재료를 사용하여 다음과 같이 도라지생채를 만드시오.

1. 도라지는 0.3cm×0.3cm×6cm로 써시오.
2. 생채는 고추장과 고춧가루 양념으로 무쳐 제출하시오.

- 도라지는 미리 무쳐 놓으면 숨이 죽고, 물이 생기므로 제출 직전에 양념에 버무려 제출한다.
- 고춧가루가 굵으면 마른 도마에 다져서 체에 내려서 사용한다.
- 도라지를 채썰 때 도라지, 도마, 칼에 물기가 있으면 도라지가 휘어서 썰기 불편하다.

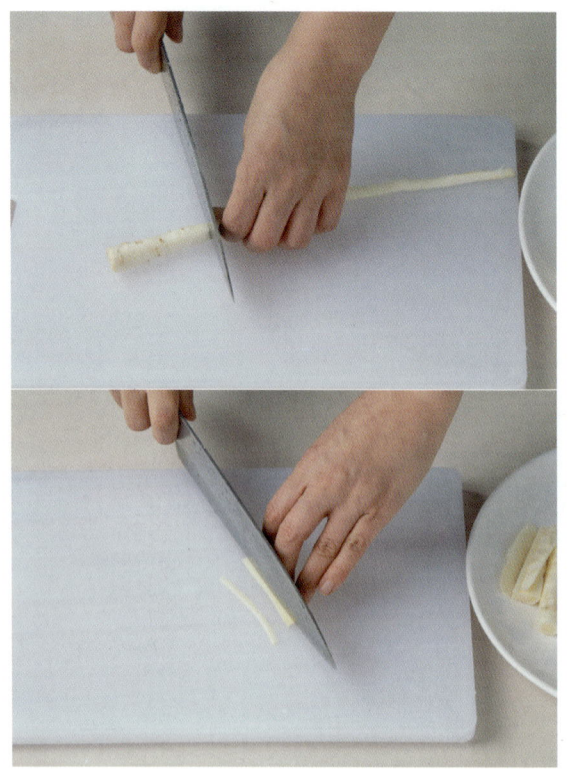

1 통도라지는 깨끗이 씻어서 껍질을 벗긴 후 6cm로 썰어 6×0.3×0.3cm로 채썬다.
Tip 도라지는 일정한 길이와 두께로 채썬다.

2 채썬 도라지에 소금을 넣고 주물러 물에 담가 쓴맛을 뺀다.

3 파, 마늘을 곱게 다져서 초고추장 양념장을 만든다(고추장 1/2T, 고춧가루 1t, 다진 파 1t, 다진 마늘 1/2t, 설탕 1t, 식초 1t, 깨소금 약간).

4 도라지는 물기를 제거하여 색을 확인하면서 양념을 조금씩 넣어 가면서 골고루 무친다.

Tip 양념을 한꺼번에 넣어 무치면 색이 진할 수 있으니 확인하면서 조금씩 넣어가며 무친다.

5 완성그릇에 보기 좋게 담아낸다.

무생채

무에는 전분을 분해하는 아밀라아제(amylase)라는 효소가 많이 들어 있다. 특히 무의 뿌리에는 디아스타아제(diastase)가 많이 들어 있고, 단백질 분해 효소인 프로테아제(protease)와 지방분해효소인 리파아제(lipase)도 소량 함유되어 있어 속쓰림, 위산과다, 위 더부룩함, 숙취 등에 효과적이고 소화를 도와준다. 무의 뿌리와 껍질에는 비타민 C와 모세혈관을 강하게 하는 비타민 P가 함유되어 있다. 특히 무 껍질에 비타민 C가 2.5배가 더 들어 있기 때문에 껍질을 버리지 말고 깨끗이 씻어서 먹는 것이 좋다.

시험시간 15분

지급재료			
• 무(길이 7cm)	120g	• 대파(흰부분 4cm)	1토막
• 소금(정제염)	5g	• 마늘(깐 것)	1쪽(중)
• 고춧가루	10g	• 깨소금	5g
• 흰설탕	10g	• 생강	5g
• 식초	5mL		

생채 양념 소금 1/4t, 다진 파 1t, 다진 마늘 1/2t, 다진 생강 약간, 설탕 1t, 식초 1t, 깨소금 약간

요구사항

※ 주어진 재료를 사용하여 다음과 같이 무생채를 만드시오.

1 무는 0.2cm×0.2cm×6cm 크기로 썰어 사용하시오.
2 생채는 고춧가루를 사용하시오.
3 무생채는 70g 이상 제출하시오.

- 양념할 때는 무가 싱싱하도록 가볍게 살살 무쳐야 생채가 싱싱하다.
- 고춧가루가 굵으면 마른 도마에 다져서 체에 내려서 사용한다.

조리 과정

1 무는 껍질을 벗기고 6cm로 썰어 6×0.2×0.2cm 로 일정하게 채썬다.

Tip 무를 썰 때는 결 방향으로 채를 썰어야 더 아삭한 맛을 낼 수 있다.

2 고춧가루는 고운체에 내려 채썬 무에 연한 주황색으로 물들인다.

Tip 무생채는 고운 고춧가루로 먼저 색을 들인 후 내기 직전에 양념한다.

3 파, 마늘, 생강은 곱게 다진다.

4 무생채는 제출 직전에 양념장을 넣고 살살 버무린다(소금 1/4t, 다진 파 1t, 다진 마늘 1/2t, 다진 생강 약간, 설탕 1t, 식초 1t, 깨소금 약간).

5 완성그릇에 소복하게 보기 좋게 담아낸다.

Tip 생채를 미리 무쳐 놓으면 물이 생기므로 내기 직전에 묻히는 것이 좋다.

더덕생채

더덕은 사포닌 성분을 함유하고 있으며 인과 티아민, 리보플라빈, 단백질, 지질, 당질 등의 성분을 많이 함유하고 있어 항암 효과와 성인병 예방 효과가 있다. 또한 거담제, 해소, 해열, 해독제, 장 기능 장애 제거, 간장 보호에 탁월하며, 여성에게는 변비의 예방과 치료에 효능이 있는 것으로 밝혀져 약용을 겸한 건강식품으로 인기가 좋다.

지급재료

- 통더덕(껍질 있는 것, 길이 10~15cm) 2개
- 마늘(간 것) 1쪽(중)
- 흰설탕 5g
- 식초 5mL
- 대파(흰부분 4cm) 1토막
- 소금(정제염) 5g
- 깨소금 5g
- 고춧가루 20g

생채 양념 소금 약간, 다진 파 1/2t, 다진 마늘 1/4t, 설탕 1t, 식초 1t, 깨소금 1/3t

요구사항

※ 주어진 재료를 사용하여 다음과 같이 더덕생채를 만드시오.

1 더덕은 5cm로 썰어 두들겨 편 후 찢어서 쓴맛을 제거하여 사용하시오.
2 고춧가루로 양념하고, 전량 제출하시오.

- 두께는 더덕은 반으로 쪼개서 안쪽에 칼집을 넣어서 소금물에 절이면 잘 찢어진다.
- 양념을 너무 한꺼번에 많이 넣지 말고 조금씩 넣어 색을 보면서 뭉치지 않게 무친다.

조리 과정

1 통 더덕은 흙을 깨끗이 씻어 돌려가며 껍질을 벗긴다.

2 더덕은 5cm 길이로 자른 후 반으로 갈라 소금물에 담가 쓴맛을 뺀 다음 물기를 제거한다.

3 파, 마늘을 곱게 다진다.

4 물기를 제거한 더덕은 도마에 놓고 밀대로 밀거나 두드려 꼬치를 이용해 가늘고 길게 찢는다.

Tip 더덕은 잘 절여진 다음 방망이로 살살 밀어야 부서지지 않는다.

6 생채 양념을 넣어 버무려 완성한다(소금 약간, 다진 파 1/2t, 다진 마늘 1/4t, 설탕 1t, 식초 1t, 깨소금 1/3t).

5 고운 고춧가루로 찢은 더덕에 물들인다.

7 완성접시에 보기 좋게 담아낸다.

육 회

『시의전서 是議全書』에 기록된 육회 만드는 법을 보면 다음과 같다. "기름기 없는 연한 쇠고기의 살을 얇게 저며 물에 담가 핏기를 빼고 가늘게 채를 썬다. 파, 마늘을 다져 후춧가루, 깨소금, 기름, 꿀 등을 섞어 잘 주물러 양념하고 잣가루를 많이 섞는다. 초고추장은 후추나 꿀을 섞어 식성대로 만든다."라고 되어 있다.

지급재료

- 소고기(살코기) 90g
- 배(중, 100g) 1/4개
- 잣(깐 것) 5개
- 소금(정제염) 5g
- 마늘(깐 것) 3쪽(중)
- 대파(흰부분 4cm) 2토막
- 검은 후춧가루 2g
- 참기름 10mL
- 흰설탕 30g
- 깨소금 5g

소고기 양념 소금 1/3t, 다진 파 1t, 다진 마늘 1t, 검은 후춧가루 약간, 깨소금 약간, 참기름 1/2T

요구사항

※ 주어진 재료를 사용하여 다음과 같이 육회를 만드시오.

1. 소고기는 0.3cm×0.3cm×6cm로 썰어 소금 양념으로 하시오.
2. 배는 0.3cm×0.3cm×5cm로 변색되지 않게 하여 가장자리에 돌려 담으시오.
3. 마늘은 편으로 썰어 장식하고 잣가루를 고명으로 얹으시오.
4. 소고기는 손질하여 전량 사용하시오.

- 소고기의 핏물을 잘 제거해야 배에 핏물이 배지 않는다.
- 소고기 채썰어 설탕에 재워서 핏물을 빼면 누린내를 줄일 수 있고 부드럽다.
- 소고기 버무릴 때 손으로 무치면 갈변할 수 있으므로 젓가락을 사용해 버무린다.

조리
과정

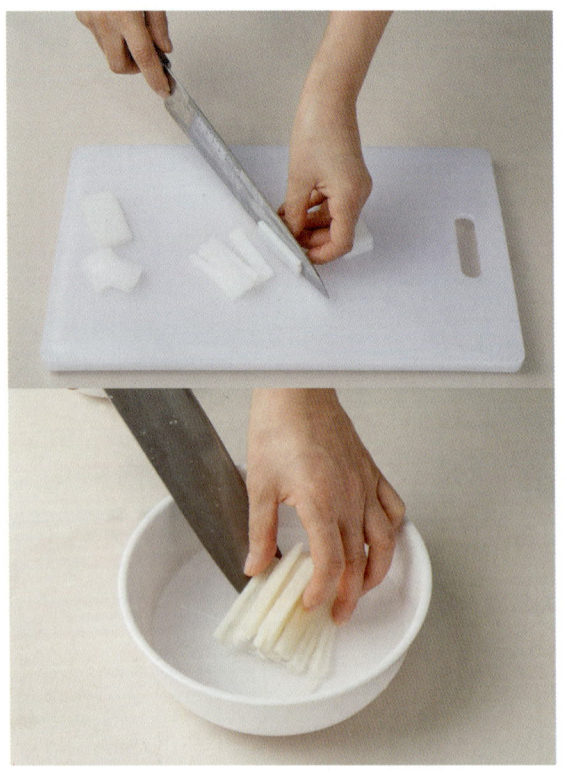

1 소고기는 핏물 제거를 위해 키친타월에 싸둔다.

2 배는 껍질을 벗긴 후 길이 5cm, 두께 0.3cm로 채썰어 바로 설탕물에 담근다.
Tip 배는 갈변 방지를 위해 설탕물에 담갔다 사용한다.

3 소고기는 기름기를 제거한 후 결 반대 방향으로 6×0.3×0.3cm로 채썰어 설탕 2t에 재웠다가 핏물을 제거한다.
Tip 소고기를 채썰어 바로 설탕에 버무려 키친타월에 올려놓으면 소고기의 핏물이 빠지고 색이 선명하고 윤기가 난다.

4 마늘 일부는 0.2cm 두께로 얇게 편 썰고 나머지 마늘과 대파는 곱게 다진다.

5 잣은 고깔을 떼고 종이 속에 넣고 접어 방망이로 민 다음 칼날로 곱게 다져 잣가루를 만든다.

6 소고기에 양념을 넣어 무친다(소금 1/3t, 다진 파 1t, 다진 마늘 1t, 검은 후춧가루 약간, 깨소금 약간, 참기름 1/2T).

7 배는 물기를 제거하여 접시 가장자리에 돌려 담은 후 접시 가운데 육회를 담고 편 썬 마늘을 돌려 담는다.

8 곱게 다진 잣가루를 고명으로 올린다.

미나리강회

옛 궁중에서는 족두리 모양으로 하였고, 민가에서는 상투 모양으로 꽈리를 만들었다고 한다. 미나리의 푸른색과 여러 고명의 오색이 조화로워 보기에도 화려하고 섬세하다. 미나리는 비타민 A와 C가 풍부하며, 암 예방(면역 세포의 증가)에도 효과가 있는 것으로 알려져 있다.

지급재료
- 소고기(살코기, 길이 7cm) 80g
- 미나리(줄기 부분) 30g
- 홍고추(생) 1개
- 달걀 2개
- 고추장 15g
- 식초 5mL
- 흰설탕 5g
- 소금(정제염) 5g
- 식용유 10mL

초고추장 고추장 1T, 설탕 1t, 식초 1t

요구사항

※ 주어진 재료를 사용하여 다음과 같이 미나리강회를 만드시오.

1 강회의 폭은 1.5cm, 길이는 5cm로 하시오.
2 붉은 고추의 폭은 0.5cm, 길이는 4cm로 하시오.
3 달걀은 황·백지단으로 사용하시오.
4 강회는 8개 만들어 초고추장과 함께 제출하시오.

- 홍고추를 제외한 재료의 크기를 같게 한다.
- 편육은 식힌 다음 썰어야 부서지지 않는다.
- 편육이 크기가 작으면 밀대로 밀어서 크기를 늘릴 수 있다.
- 미나리를 돌려 감을 때 1~2cm 폭으로 일정하게 말아준다.

조리 과정

1 냄비에 데칠 물 4컵을 올린다.

2 미나리는 뿌리와 잎을 제거하여 끓는 물에 살짝 데쳐 찬물에 헹군다.

3 데친 미나리는 길이로 반을 갈라 젓가락으로 훑어 편편하게 펴준다.

4 소고기는 미나리 데친 물에 삶아 물기를 제거하고 식힌 후 5×1.5×0.3cm로 편썬다.

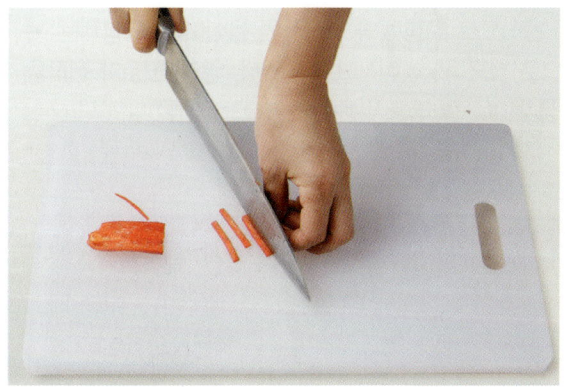 

5 홍고추는 반으로 갈라 씨를 제거한 후 길이 4× 0.5cm로 썬다.

Tip 홍고추는 숟가락으로 0.3cm 두께로 긁어 얇게 준비한다.

6 달걀은 황·백으로 분리하여 약간의 소금을 넣고 0.3cm 두께로 지단을 부쳐 식으면 5×1.5×0.3 cm로 썬다.

8 완성그릇에 8개를 담는다.

9 초고추장을 만들어 곁들인다(고추장 1T, 설탕 1t, 식초 1t).

7 편육, 백지단, 황지단, 홍고추 순으로 포개어 놓고 미나리의 폭을 1~2cm 정도로 감고, 뒤쪽으로 집어 넣어 마무리한다.

미나리강회 119

탕평채

탕평채는 어느 한쪽으로의 치우침 없이 조화와 화합을 중시하는 음식으로 오방색의 대표적인 음식이다. 탕평채는 녹두묵에 고기볶음과 데친 미나리, 구운 김 등을 섞어 만든 묵무침으로 청포묵무침이라고도 부른다. 영조(英祖)가 신하들과 탕평책(蕩平策)에 대해 의논하는 자리에 음식으로 나오면서 탕평채(蕩平菜)라고 이름이 붙었다고 전해진다.

시험시간 35분

edukyungrok.com

지급재료

- 청포묵(중, 길이 6cm) 150g
- 소고기(살코기, 길이 5cm) 20g
- 숙주(생 것) 20g
- 미나리(줄기 부분) 10g
- 달걀 1개
- 김 1/4장
- 진간장 20mL
- 마늘(깐 것) 2쪽(중)
- 대파(흰부분 4cm) 1토막
- 검은 후춧가루 1g
- 참기름 5mL
- 흰설탕 5g
- 깨소금 5g
- 식초 5mL
- 소금(정제염) 5g
- 식용유 10mL

양념장 진간장 1t, 설탕 약간, 다진 파 1/2t, 다진 마늘 1/4t, 후춧가루 약간, 깨소금 1/4t, 참기름 1/2t
초간장 진간장 2t, 백설탕 1t, 식초 1t

※ 주어진 재료를 사용하여 다음과 같이 탕평채를 만드시오.

1 청포묵은 0.4cm×0.4cm×6cm로 썰어 데쳐서 사용하시오.
2 모든 부재료의 길이는 4~5cm로 써시오.
3 소고기, 미나리, 거두절미한 숙주는 각각 조리하여 청포묵과 함께 초간장으로 무쳐 담아내시오.
4 황·백 지단은 4cm 길이로 채썰고, 김은 구워 부셔서 고명으로 얹으시오.

- 청포묵을 썰 때 칼에 물을 묻혀 썰면 달라붙지 않는다.
- 청포묵을 데칠 때 끓는 물에 소금을 약간 넣고 청포묵, 숙주, 미나리 순으로 데쳐낸다.
- 청포묵은 일정한 굵기로 채썰어 무칠 때 부서지지 않게 가볍게 버무린다.
- 냉채이므로 준비한 재료를 식힌 후에 내기 직전에 버무려야 색이 곱고 물이 생기지 않는다.

조리 과정

1️⃣ 냄비에 데칠 물 3컵을 올린다.

2️⃣ 소고기는 핏물 제거를 위해 키친타월에 싸둔다.

3️⃣ 숙주는 머리, 꼬리 제거하여 끓는 물에 소금을 약간 넣고 데쳐 찬물에 헹군다.

4️⃣ 청포묵은 6×0.4×0.4 cm로 썰어 끓는 물에 약간의 소금을 넣고 투명해질 때까지 데쳐 찬물에 헹군다.

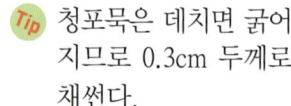 청포묵은 데치면 굵어지므로 0.3cm 두께로 채썬다.

5️⃣ 찬물에 헹군 청포묵은 수분을 제거한다.

6️⃣ 미나리는 잎을 떼고 다듬어 끓는 소금물에 살짝 데쳐 찬물에 헹궈 4cm 길이로 썬다.

7 청포묵, 숙주, 미나리는 각각 소금, 참기름으로 밑간한다.

8 파, 마늘을 곱게 다져 소고기 양념장을 만든다(진간장 1t, 설탕 약간, 다진 파 1/2t, 다진 마늘 1/4t, 후춧가루 약간, 깨소금 1/4t, 참기름 1/2t).

9 소고기는 5×0.25×0.25cm로 결대로 채썰어 분량의 양념장에 재운 후 볶는다.

10 달걀은 황·백으로 나눠 각각 지단(소금 간)을 얇게 부쳐 식으면 4×0.2cm로 썬다.

11 김은 팬에 구워서 비닐봉투에 넣어 부숴 놓는다.

12 초간장을 만든다.

13 청포묵을 초간장으로 색을 보며 살살 버무리고, 숙주, 미나리, 소고기 볶은 것을 함께 넣어 버무려 완성그릇에 담아낸다.

14 고명으로 부순 김과 황·백 지단을 얹어낸다.

잡채

잡채의 '잡(雜)'은 섞다, 모으다, 많다는 뜻을 담고 있다. '채(菜)'는 채소를 뜻한다. 잡채는 여러 채소를 섞은 음식이란 뜻이다. 당면이 들어간 요즘 형태의 잡채는 1919년 황해도 사리원에 당면 공장이 처음 생기면서 시작되었고 본격적으로 먹기 시작한 것은 1930년 이후부터라고 한다.

지급재료

- 당면 20g
- 소고기(살코기, 길이 7cm) 30g
- 건표고버섯(물에 불린 것) 1개
  (지름 5cm, 부서지지 않은 것)
- 건목이버섯(물에 불린 것, 2개
  지름 5cm)
- 양파(중, 150g) 1/3개
- 오이(가늘고 곧은 것, 1/3개
  길이 20cm)
- 당근(곧은 것, 길이 7cm) 50g
- 통도라지(껍질 있는 것, 1개
  길이 20cm)
- 숙주(생 것) 20g
- 흰설탕 10g
- 대파(흰부분 4cm) 1토막
- 마늘(중) 2쪽(깐 것)
- 진간장 20mL
- 식용유 50mL
- 깨소금 5g
- 검은 후춧가루 1g
- 참기름 5mL
- 소금(정제염) 15g
- 달걀 1개

소고기 양념장 진간장 1t, 설탕 1/2t, 다진 파 1/2t, 다진 마늘 1/3t, 후춧가루 약간, 깨소금 1/2t, 참기름 약간
표고버섯, 목이버섯 양념장 진간장 1t, 설탕 1/2t, 참기름 약간
당면 양념장 설탕 1t, 간장 1t, 참기름 약간

요구사항

※ 주어진 재료를 사용하여 다음과 같이 잡채를 만드시오.

1. 소고기, 양파, 오이, 당근, 도라지, 표고버섯은 0.3cm×0.3cm×6cm로 썰어 사용하시오.
2. 숙주는 데치고 목이버섯은 찢어서 사용하시오.
3. 당면은 삶아서 유장처리하여 볶으시오.
4. 황·백 지단은 0.2cm×0.2cm×4cm로 썰어 고명으로 얹으시오.

합격 TIP

- 팬에 재료를 볶을 때 깨끗한 순서로 볶아야 깔끔하다.
- 당면은 미리 불려두면 삶는 시간을 줄일 수 있다.
- 양파, 당근을 볶을 때 약간의 소금을 넣어 간을 한다.

조리 과정

1️⃣ 냄비에 데칠 물을 올린다.

2️⃣ 당면과 목이버섯은 미지근한 물에 담가둔다.

4️⃣ 도라지는 껍질을 벗겨 6×0.3×0.3cm로 썰어 소금을 넣고 주물러 물에 담가 쓴맛과 물기를 제거한다.

6️⃣ 당근, 양파는 6×0.3×0.3cm로 썬다.

7️⃣ 마늘, 대파는 곱게 다져 양념장을 만든다(진간장 1t, 설탕 1/2t, 다진 파 1/2t, 다진 마늘 1/3t, 후춧가루 약간, 깨소금 1/2t, 참기름 약간).

8️⃣ 소고기는 7×0.3×0.3cm 길이로 채썰어 양념한다.

3️⃣ 숙주는 거두절미하여 끓는 소금물에 살짝 데쳐 찬물에 헹구고 물기를 제거한 후 소금, 참기름으로 밑간을 한다.

5️⃣ 오이는 돌려 깎아 6×0.3×0.3cm 굵기로 채썰어 소금에 살짝 절였다가 물기를 제거한다.

9️⃣ 표고버섯은 불려서 수분과 기둥을 제거하고 포를 떠서 6×0.3×0.3cm 크기로 썬다.

10 목이버섯은 손으로 알맞게 찢고 표고버섯과 목이버섯은 참기름, 간장, 설탕으로 양념한다.

11 달걀은 황·백 지단을 얇게 부쳐 4×0.2×0.2cm로 채를 썬다.

12 달군 팬에 식용유를 두르고 도라지→양파→오이→당근→목이버섯→표고버섯→소고기 순으로 각각 볶아 접시에 펴서 식힌다.

13 당면은 끓는 물에 4~7분 삶아서 찬물에 헹궈 적당한 길이로 자르고 진간장, 설탕, 참기름으로 무쳐 기름에 볶아낸다.

Tip 불린 상태에 따라 삶는 시간이 다르다.

14 볶은 재료들과 당면을 합해 깨소금, 참기름을 넣어 고루 버무려 맛을 낸다.

15 완성접시에 잡채를 담고 고명으로 황·백 지단을 얹는다.

칠절판

칠절판은 소고기, 오이, 당근, 달걀, 석이버섯 5가지 재료를 곱게 채썰어 볶아 밀전병에 싸서 먹는 음식으로 맛이 좋고 색이 화려한 음식이다. 칠절판은 교자상이나 주안상에 전채 음식으로 알맞고, 경우에 따라서는 밀전병에 각각의 재료를 미리 싸서 같이 내기도 한다.

시험시간 40분

지급재료

- 소고기(살코기, 길이 6cm) 50g
- 오이(가늘고 곧은 것, 길이 20cm) 1/2개
- 당근(곧은 것, 길이 7cm) 50g
- 달걀 1개
- 석이버섯(마른 것, 부서지지 않은 것) 5g
- 밀가루(중력분) 50g
- 진간장 20mL
- 마늘(깐 것) 2쪽(중)
- 대파(흰부분 4cm) 1토막
- 검은 후춧가루 1g
- 참기름 10mL
- 흰설탕 10g
- 깨소금 5g
- 식용유 30mL
- 소금(정제염) 10g

밀전병 밀가루(중력분) 1/2C, 물 1/2C, 소금 약간
소고기 양념 진간장 1t, 설탕 1/2t, 다진 파 1/2t, 다진 마늘 1/4t, 후춧가루 약간, 깨소금 1/4t, 참기름 1/2t

요구사항

※ 주어진 재료를 사용하여 다음과 같이 칠절판을 만드시오.

1 밀전병은 지름이 8cm가 되도록 6개를 만드시오.
2 채소와 황·백 지단, 소고기는 0.2cm×0.2cm×5cm로 써시오.
3 석이버섯은 곱게 채를 써시오.

- 재료를 곱게 채썰어 준비하고 밀전병, 지단, 오이, 당근, 석이버섯, 소고기 순으로 볶으면 조리시간을 절약할 수 있다.
- 모든 재료는 최대한 곱게 채썰고 소복하게 돌려 담을 수 있다.

칠절판

조리 과정

1 밀가루 1/2C, 물 1/2C을 동량으로 넣고 소금으로 간하여 멍울이 없이 풀어서 체에 내려 숙성시킨다.
> **Tip** 밀가루 반죽을 만들어 숙성시키면 글루텐이 생겨 밀전병을 얇고, 탄력있게 부칠 수 있다.

2 석이버섯은 미지근한 물에 불린 다음 손질하여 가늘게 채썰어 소금, 참기름에 묻힌다.

3 오이는 5cm 길이로 돌려 깎아 0.2cm 굵기로 채썰어 소금에 절여 물기를 제거한다.

4 당근도 5×0.2×0.2cm 굵기로 채썰어 소금을 약간 넣어 절인다.

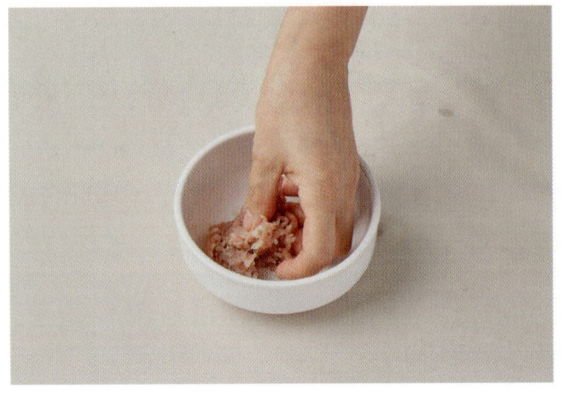

5 파, 마늘은 곱게 다져 소고기 양념장을 만든다(진간장 1t, 설탕 1/2t, 다진 파 1/2t, 다진 마늘 1/4t, 후춧가루 약간, 깨소금 1/4t, 참기름 1/2t).

6 소고기는 결대로 길이 6×0.2×0.2cm로 채썰어 핏물을 제거하여 소고기 양념을 한다.

7 달걀은 황·백으로 나눠 약간의 소금을 넣어 얇게 부쳐 식으면 5×0.2×0.2cm로 썬다.

9 달군 팬에 기름을 두르고 오이, 당근, 석이버섯, 소고기 순으로 볶는다.

8 팬에 식용유를 약간 두르고 키친타월로 닦아낸 후 밀전병 반죽을 2/3T씩 떠서 지름 8cm 크기로 둥글고 얇은 밀전병을 만들어 식힌다.

10 접시 중앙에 밀전병을 담고 나머지 볶은 재료를 색 맞춰 돌려 담는다.

오징어볶음

오징어는 오래 익히면 질겨지기 때문에, 오징어가 익고 양념이 배어들 정도로만 볶는 것이 포인트. 센 불에서 단시간에 볶아 내야 맛있는 오징어볶음을 맛볼 수 있다고 한다.

지급재료

- 물오징어 (250g) — 1마리
- 소금(정제염) — 5g
- 진간장 — 10mL
- 흰설탕 — 20g
- 참기름 — 10mL
- 깨소금 — 5g
- 풋고추(길이 5cm 이상) — 1개
- 홍고추(생) — 1개
- 양파(중, 150g) — 1/3개
- 마늘(깐 것) — 2쪽(중)
- 대파(흰부분 4cm) — 1토막
- 생강 — 5g
- 고춧가루 — 15g
- 고추장 — 50g
- 검은 후춧가루 — 2g
- 식용유 — 30mL

고추장 양념 고추장 2T, 고춧가루 2t, 진간장 약간, 설탕 1T, 다진 마늘 1/2T, 다진 생강 약간, 검은 후춧가루 약간

요구사항

※ 주어진 재료를 사용하여 다음과 같이 오징어볶음을 만드시오.

1. 오징어는 0.3cm 폭으로 어슷하게 칼집을 넣고, 크기는 4cm×1.5cm로 써시오(단, 오징어 다리는 4cm 길이로 자른다).
2. 고추, 파는 어슷썰기, 양파는 폭 1cm로 써시오.

- 오징어는 가로, 세로 사선으로 칼집을 넣고, 가로로 잘라야 모양이 일정하고 말려서 오그라들지 않는다.
- 오징어는 칼집을 넣을 때 칼을 약간 눕히고, 일정한 간격과 깊이로 칼집을 넣는다.
- 오징어볶음은 고온에서 짧은 시간에 볶아야 물이 생기지 않는다.
- 식용유를 너무 많이 넣고 볶으면 나중에 양념장과 기름이 분리된다.

조리 과정

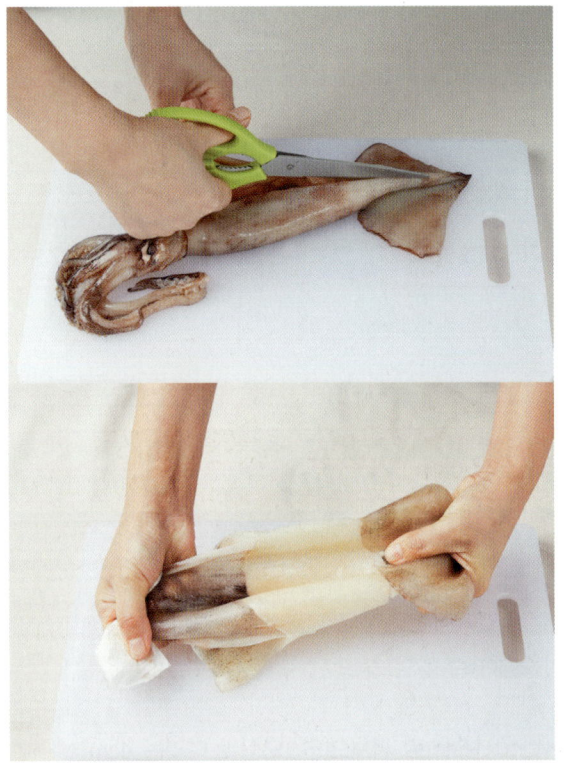

2 오징어 몸통의 안쪽에 가로 세로 0.3cm 간격으로 어슷하게 칼집을 넣고, 몸통은 4.5×2cm로 썬다. 오징어 다리는 6cm 길이로 썬다.

> Tip 오징어는 익으면 수축되고 다리는 더 많이 줄어들기 때문에 6cm로 자른다.

1 오징어는 배를 갈라 먹물이 터지지 않게 내장을 제거한 후 씻어 몸통의 껍질을 벗긴다.

3 양파는 폭 1cm로 썰고 홍고추, 풋고추는 0.5cm 두께로 어슷하게 썰어 씨를 제거하고, 대파도 어슷하게 썬다.

4 마늘, 생강은 곱게 다져 양념장을 만든다(고추장 2T, 고춧가루 2t, 진간장 약간, 설탕 1T, 다진 마늘 1/2T, 다진 생강 약간, 검은 후춧가루 약간).

5 달군 팬에 기름을 약간 두르고 양파를 살짝 볶다가 오징어를 넣어 볶으며 반쯤 익힌다.

6 중불로 낮추고, 고추장 양념을 넣고 고추, 파를 넣어 살짝 볶은 다음 깨소금, 참기름을 넣어 윤기를 낸다.

Tip 오징어가 반쯤 익으면 양념장을 넣고 불을 줄여야 양념장이 타지 않는다.

7 완성접시에 담는다.

Tip 오징어볶음은 제출하기 직전에 볶아야 물이 생기지 않는다.

재료썰기

재료썰기는 한식 조리의 기초 단계이다.

지급재료				
• 무	100g	• 달걀	3개
• 오이 (길이 25cm)	1/2개	• 식용유	20mL
• 당근 (길이 6cm)	1토막	• 소금	10g

※ **주어진 재료를 사용하여 다음과 같이 재료썰기를 하시오.**

1 무, 오이, 당근, 달걀지단을 썰기 하여 전량 제출하시오(단, 재료별 써는 방법이 틀렸을 경우 실격 처리됩니다).
2 무는 채썰기, 오이는 돌려깎기하여 채썰기, 당근은 골패썰기를 하시오.
3 달걀은 흰자와 노른자를 분리하여 알끈과 거품을 제거하고 지단을 부쳐 완자(마름모꼴) 모양으로 각 10개를 썰고, 나머지는 채썰기를 하시오.
4 재료썰기의 크기는 다음과 같이 하시오.
 • 채썰기 : 0.2cm×0.2cm×5cm
 • 골패썰기 : 0.2cm×1.5cm×5cm
 • 마름모형 썰기 : 한 면의 길이가 1.5cm

• 지단은 먼저 부쳐 식힌 후 썰어야 부서지지 않는다.
• 지단이 마르지 않도록 비닐 팩을 이용해 덮어 놓는다.

조리 과정

1. 달걀을 황·백으로 분리하여 소금을 약간 넣고 면포에 내린다.
   - **Tip** 달걀흰자를 면포에 내리면 거품이 생기지 않고, 지단의 두께가 일정하게 나온다.

2. 팬에 약간의 식용유를 두른 후 키친타월로 닦아내고, 약한 불에서 황·백 지단을 부친다.
   - **Tip** 지단을 부칠 때 키친타월로 눌러주면 편편하게 부쳐지고, 흰자는 크게 부치면 잘 찢어지므로 적당한 크기로 나눠서 부친다.

3. 무는 껍질을 벗겨 5cm로 썰어 5×0.2×0.2cm로 일정하게 채썬다.

4. 오이는 소금으로 비벼 깨끗이 씻은 후 돌기를 제거하고 5cm로 썰어 돌려 깎아 5×0.2×0.2cm로 일정하게 채썬다.

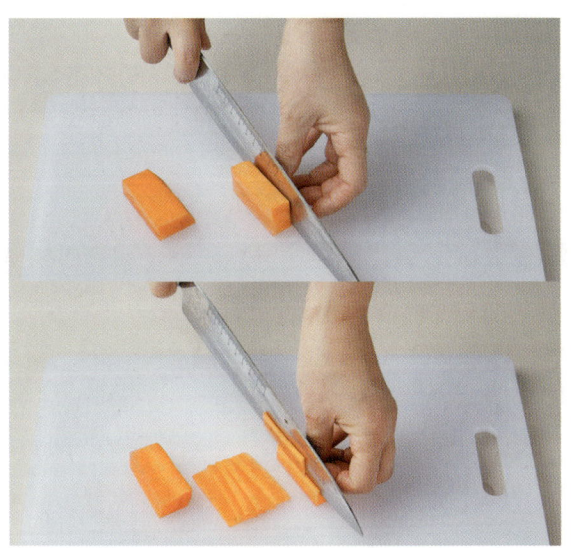

5 당근은 껍질을 벗겨 5cm로 썰어 5×1.5×0.2cm 크기 골패 모양으로 일정하게 썬다.

6 황·백 지단은 마름모꼴로 4면의 길이가 1.5cm로 각각 10개씩 썰고 나머지 지단은 5cm×0.2×0.2cm 길이로 일정하게 채썬다.

7 완성접시에 보기 좋게 담아낸다.

재료썰기

배추김치

김치는 외국인들에게 '한식' 하면 떠오르는 가장 대표적인 음식이다.
김치는 고추에 들어 있는 캡사이신, 마늘에 들어 있는 알리신, 생강에 들어 있는 진저롤 등이 살균 작용과 비타민 흡수를 도우며, 젓갈 등에 들어 있는 리파아제, 프로타제 등이 소화 흡수를 돕는 작용을 한다. 배추는 식이섬유가 많아 장 운동, 변비 개선에 많은 도움이 된다.

시험시간 35분

지급재료

- 절임배추 1/4포기
  (포기당 2.5~3kg)
  (1/4포기당 500~600g)
- 무(길이 5cm 이상) 100g
- 실파(쪽파 대체 가능) 20g
- 갓(적겨자 대체 가능) 20g
- 미나리(줄기 부분) 10g
- 찹쌀가루(건식가루) 10g
- 새우젓 20g
- 멸치액젓 10mL
- 대파(흰부분 4cm) 1토막
- 마늘(중, 깐 것) 2쪽
- 소금(정제염) 10g
- 흰설탕 10g

양념장 찹쌀 풀 3T, 고춧가루 1/4C, 다진 마늘 1T, 다진 생강 1/2t, 새우젓 1T, 멸치액젓 2t, 설탕 1/2T, 소금 약간

요구사항

※ 주어진 재료를 사용하여 다음과 같이 생선찌개를 만드시오.

1. 배추는 씻어 물기를 빼시오.
2. 찹쌀가루로 찹쌀 풀을 쑤어 식혀 사용하시오.
3. 무는 0.3cm×0.3cm×5cm 크기로 채 썰어 고춧가루로 버무려 색을 들이시오.
4. 실파, 갓, 미나리, 대파(채썰기)는 4cm로 썰고 마늘, 생강, 새우젓은 다져 사용하시오.
5. 소의 재료를 양념하여 버무려 사용하시오.
6. 소를 배춧잎 사이사이에 고르게 채워 반을 접어 바깥 잎으로 전체를 싸서 담아내시오.

- 푸른 채소는 양념장을 넣고 가볍게 버무려야 풋내가 안 난다.
- 소를 미리 만들어 숨이 살짝 죽은 후 배추에 소를 넣으면 편하다.
- 소는 배추 줄기 부분에 많이 넣고 잎 부분은 조금 넣는다.

조리 과정

1 절인 배추는 3~4번 정도 씻은 후 속 부분이 밑으로 가게 엎어 물기를 뺀다.

2 건식 찹쌀가루에 물 1C을 넣고 잘 풀어 가며 풀을 쑤어서 식힌다.

3 무는 0.3×0.3×5cm로 채 썰어 고춧가루 1T을 넣고 버무려 고춧가루 물을 들인다.

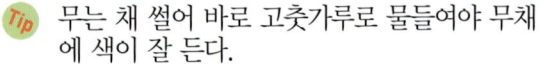

Tip 무는 채 썰어 바로 고춧가루로 물들여야 무채에 색이 잘 든다.

4 대파는 4cm 길이로 채 썰고 실파, 갓, 미나리도 4cm 길이로 썬다.

5 마늘, 생강, 새우젓은 곱게 다진다.

6 찹쌀 풀 3T, 고춧가루 1/4C, 멸치액젓, 마늘, 생강, 새우젓을 넣고 양념장을 만든다.

7 무채에 6을 넣고 버무린 후 실파, 갓, 미나리, 대파 채를 넣어 양념소를 만든다.

8 양념소를 배춧잎 사이사이에 고르게 채운 후 반을 접어 바깥 잎으로 전체를 감싸 소가 빠지지 않고 공기가 들어가지 않도록 하여 완성 그릇에 담는다.

오이소박이

오이소박이는 오이의 찬 성분과 부추의 따뜻한 성분이 궁합이 잘 맞는 음식이다. 예전에는 무더운 날씨 탓에 입맛을 잃는 여름철에 주로 먹었지만, 사계절 내내 오이가 생산되는 요즘은 1년 내내 담가 먹는다.
오이에는 쿠쿠르비타신(cucurbitacin)이라는 쓴맛 성분이 있는데 오이 꼭지의 청록 부분에 가장 많이 들어 있다. 쓴맛이 나는 오이의 꼭지 부분은 제거하고 섭취하는 것이 좋다.

시험시간 20분

지급재료
- 오이(가는 것, 20cm 정도) 1개
- 부추 20g
- 새우젓 10g
- 고춧가루 10g
- 대파(흰 부분, 4cm 정도) 1토막
- 마늘(중, 깐 것) 1쪽
- 생강 10g
- 소금(정제염) 50g

양념장 고춧가루 1T, 물 1T, 새우젓 1t, 대파 2t, 마늘 1t, 다진 생강 약간

요구사항

※ 주어진 재료를 사용하여 다음과 같이 오이소박이를 만드시오.

1. 오이는 6cm 길이로 3토막 내시오.
2. 오이에 3~4갈래 칼집을 넣을 때 양쪽 끝이 1cm 남도록 하고, 절여 사용하시오.
3. 소를 만들 때 부추는 1cm 길이로 썰고, 새우젓은 다져 사용하시오.
4. 그릇에 묻은 양념을 이용하여 국물을 만들어 소박이 위에 부어내시오.

- 오이는 시작하면 바로 칼집을 넣어 진한 소금물에 절여야 잘 절여진다.
- 부추에 고춧가루를 많이 넣으면 소박이에 시원한 맛이 덜하다.
- 부추에 양념을 넣고 살살 버무려야 풋내가 안 난다.
- 소는 칼집 사이에 충분히 넣고 오이 표면의 부추는 훑어주어 고춧가루 양념만 보이게 한다.

조리 과정

1 오이는 소금으로 비벼서 씻은 후 6cm 길이로 3개를 같은 크기로 썰어 놓는다.

2 오이 양쪽 끝을 1cm 남기고 열십자로 칼집을 넣어 따뜻한 물에 소금을 진하게 풀어 절인다.
Tip 오이 칼집 사이에 소금을 얹어 물에 뜨지 않도록 그릇으로 눌러준다.

3 부추는 다듬어 씻어 1cm 길이로 썬다.

4 파, 마늘, 생강, 새우젓은 곱게 다진다.

5 부추에 분량의 양념장(고춧가루 1T, 물 1T, 새우젓 1t, 대파 다진 것 2t, 마늘 다진 것 1t, 다진 생강 약간)을 섞어 소를 만든다.

6 칼집 낸 곳이 잘 벌어지면 물에 씻어 칼집 사이에 젓가락을 이용하여 소를 넣고 표면에 묻은 양념을 잘 정리하여 담는다.

7 소를 버무린 그릇에 물 2T을 넣고 소금으로 간을 맞춘 후 체에 걸러 김칫국물을 만들어 오이소박이 위에 촉촉하게 붓는다.

오이소박이

summary

한식조리기능사 요약

비빔밥

청포묵 0.5×0.5×5cm로 썰어 데친 후 간(소금, 참기름)하기→쌀과 물, 동량으로 넣고 밥 짓기→도라지 채썰어 쓴맛 제거→애호박 돌려 깎아 채썰어 절여서 수분 제거→고사리 5cm로 썰고, 소고기 3/4는 5×0.3×0.3cm로 채썰어 양념→다시마 튀겨 부수기→황·백 지단 부쳐 5×0.3cm로 채썰기→팬에 식용유 넣고 도라지, 애호박, 고사리, 소고기 순서로 각각 볶기→소고기 1/4은 다져 양념해 볶다가 고추장, 설탕, 물 넣어 약고추장 만들기→완성그릇에 밥 담고, 청포묵, 도라지, 황·백 지단, 고사리, 소고기, 호박을 색 맞춰 돌려 담고 중앙에 약고추장, 부순 다시마 올리기

소고기, 고사리 양념장 진간장 1T, 백설탕 1/2T, 다진 파 1/2T, 다진 마늘 1t, 검은 후춧가루 약간, 깨소금 1/2t, 참기름 1t
약고추장 고추장 1T, 설탕 1t, 물 1/2T

콩나물밥

콩나물 다듬기→불린 쌀 체에 밭쳐 물기 빼기→소고기 곱게 채썰어 양념하기→쌀과 물 동량 넣고 콩나물, 양념한 소고기 가닥가닥 떼서 올려 밥 짓기→밥과 콩나물, 소고기 고루 섞어 완성그릇에 담기

소고기 양념장 간장 1/2t, 다진 파 1/2t, 다진 마늘 1/4t, 참기름 1/2t

장국죽

불린 쌀 반 싸라기로 빻기→소고기 다지고 표고 3×0.3cm 채썰어 양념하기→냄비에 참기름 두르고 소고기, 표고 볶다가 쌀알 투명하게 볶기→쌀의 6배의 물(3C) 붓고 센 불에서 끓이다가 중불에서 끓이기→국간장으로 간하여 완성그릇에 담기

소고기, 표고버섯 양념장 진간장 1t, 다진 파 1t, 다진 마늘 1/2t, 후춧가루 약간, 깨소금 1/2t, 참기름 1t

완자탕

소고기(사태) 향채 넣어 육수 끓여 국간장, 소금으로 간하기→두부 수분 제거하여 으깨기→소고기 핏물 제거 후 다지고, 으깬 두부와 소고기 양념하여 치대 3cm 완자 6개 빚기→황·백 지단 부쳐 마름모꼴로 썰기→완자 밀가루 달걀 물 순으로 입혀 팬에 굴려 익히기→육수 끓여 완자 약한 불에 끓여 그릇에 담고 황·백 지단 고명 얹기

향채 마늘 1쪽, 대파 4cm
완자 양념 소금 약간, 백설탕 약간, 다진 파 1/2t, 마늘 다진 것 1/3t, 검은 후춧가루 약간, 깨소금 약간, 참기름 1/2t
고명 황·백 지단

생선찌개

무, 두부는 2.5×3.5×0.8cm 썰기→애호박은 0.5cm 두께로 반달 모양 썰기→홍·풋고추 어슷썰기(씨 제거)→쑥갓, 실파 4cm로 썰고 마늘, 생강 다지기 → 생선 지느러미, 아가미, 비늘, 내장 제거 후 4~5cm 토막(머리 꼭 사용)→고추장 1T, 고춧가루 1T, 따뜻한 물 1T 넣어 개어 놓기→냄비에 물 3C 넣고 끓으면 고추장 고춧가루 체에 내리기→무 넣고 반쯤 익으면 생선 넣기→호박, 두부 넣고 끓으면 홍고추, 풋고추 넣기→마늘, 생강 약간 넣고 소금 간하기→쪽파, 쑥갓 넣고 살짝 익혀 담기

두부젓국찌개

냄비에 물 2컵 올리기→두부 3×2×1cm로 자르기, 홍고추 3×0.5cm, 실파 3cm로 썰어 준비하기→굴 소금물에 씻기→냄비에 물 끓으면 소금 넣고 두부 넣어 한소끔 끓으면 굴, 홍고추 넣고 새우젓 간하기→끓으면 실파 넣고 불 끄고 참기름 1~2방울 넣기→완성그릇에 굴, 홍고추, 파가 보이게 담고 국물 250mL 정도 담아내기

제육구이

돼지고기 4.5×5.5×0.4cm(완성 크기 4×5×0.4cm)로 썰어 연육하기→양념장 만들어 바르기→달군 석쇠에 굽기→완성 크기 4×5×0.4cm로 전량 제출하기

양념장 고추장 2T, 간장 1t, 설탕 1/2T, 참기름 1t, 깨소금 1t, 다진 파 2t. 마늘 1t, 후춧가루 약간, 다진 생강 약간

너비아니구이

배즙 만들기→소고기 5×6×0.4cm(완성 길이 5×4×0.5cm) 크기로 6쪽 썰어 두드려 연육하기→소고기 배즙 2T에 재우기→양념장 만들어 소고기 재우기→잣가루 만들기→달군 석쇠에 소고기 굽기→그릇에 담고 고명으로 잣가루 얹기

양념장 진간장 1T, 설탕 1/2T, 배즙 1t, 다진 파 1t, 다진 마늘 1t, 후춧가루 약간, 깨소금 1/2t, 참기름 1/2T
고명 잣가루

더덕구이

더덕 손질해 반 갈라 소금물에 담가 쓴맛 빼기→절인 더덕 물기 제거해 밀대로 밀고 두드려 펴기→더덕 유장(참기름 1T, 진간장 1t) 발라 재우기→석쇠에 애벌구이하기→고추장 양념 만들기→고추장 양념장 발라 굽기→완성접시에 껍질이 밑으로 가게 담기

유장 진간장 1t, 참기름 2t
양념장 고추장 1.5T, 설탕 1/2T, 다진 파 1t, 다진 마늘 1/2t, 깨소금 약간, 참기름 약간

생선양념구이

생선 비늘 제거 후 생선 아가미 쪽으로 내장 제거하기→생선에 2cm 간격으로 칼집 넣어 소금 간하기→물기 제거 후 참기름, 간장 발라 석쇠에 애벌구이하기→양념장 만들기→양념장 발라 석쇠에 굽기→완성접시에 생선 머리 왼쪽으로 오게 담기

양념장 고추장 2T, 파 2t, 마늘 1t, 설탕 1t, 후춧가루, 깨소금 약간, 참기름 약간

북어구이

북어 씻어 젖은 면포에 싸서 불리기→고추장 양념장 만들기→북어포 손질해 물기 제거하기→북어포를 6.cm 길이로 3토막 자르고 껍질 쪽에 잔칼집 넣기→북어포 유장에 재워 석쇠에 애벌구이하기→고추장 양념장 발라 석쇠에 굽기→완성접시에 북어 3토막 담기

유장 진간장 1t, 참기름 1T
고추장양념장 고추장 2T, 설탕 2t, 다진 파 2t, 다진 마늘 1t, 후춧가루 약간, 깨소금 1/2t, 참기름 약간

섭산적

소고기 다지고, 두부 으깨 양념 후 수분 제거하여 끈기 있게 치대기→9×9×0.6cm 네모 반대기 만들어 가로, 세로로 잔칼집 주기→달군 석쇠에 성형한 반대기 올려 앞, 뒤로 굽기→잣가루 만들기→식으면 2×2cm로 9개 썰어 완성그릇에 담고 고명으로 잣가루 올리기

양념 소금 약간, 설탕 약간, 다진 파 1t, 마늘 1/2t, 후춧가루 약간, 깨소금 약간, 참기름 1t
고명 잣가루

화양적

도라지, 당근 6×1×0.6cm 썰어 데치기→오이 6×1×0.6cm로 썰어 소금에 절이기→표고버섯 6×1×0.6cm로 썰어 양념하기→소고기 길이 8×1×0.5cm로 썰어 연육해 양념하기→달걀 노른자 소금 넣고 0.6cm 두께로 지단 부쳐서 6×1×0.6cm로 썰기→도라지, 오이, 당근, 표고, 소고기 순으로 각각 볶기→꼬치에 재료 색 맞춰 양 끝 1cm 남기고 끼우기→완성그릇에 화양적 2꼬치 담고 잣가루 올리기

소고기, 표고버섯 양념장 진간장 1t, 설탕 1/3t, 다진 파 1/2t, 다진 마늘 1/3t, 후춧가루 약간, 깨소금 1/4t, 참기름 1t
고명 잣가루

지짐누름적

도라지, 당근 6×1×0.6cm로 썰어 데치기→소고기 길이 8×1×0.5cm로 썰어 연육해 양념에 재우기→표고버섯 6×1×0.6cm로 썰어 양념하기→실파 6cm 썰어 소금, 참기름 무쳐놓기→도라지, 당근, 표고, 소고기 순서로 팬에 익히기→꼬치에 재료 색 맞춰 끼워 재료 뒷면에 밀가루 앞, 뒤로 달걀물 입혀 지지기→꼬치 빼서 담기

소고기, 표고버섯 양념장 간장 2t, 설탕 1/3t, 다진 파 1/2t, 다진 마늘 1/3t, 후춧가루 약간, 깨소금 1/4t, 참기름 1t

풋고추전

풋고추 길이로 반 갈라 5cm로 잘라 끓는 물에 데치기→소고기 다지고, 두부 으깨 수분 제거하여 양념해 소 만들기→데친 풋고추 안쪽에 밀가루 발라 소 채우기→풋고추 소 넣은 쪽 밀가루, 달걀물 입히기→약불에 지져 8개 완성하기

소 양념 소금 약간, 백설탕 약간, 다진 파 1/2t, 다진 마늘 1/4t, 검은 후춧가루 약간, 깨소금 약간, 참기름 1/2t

표고전

불린 표고버섯 기둥과 수분 제거하여 유장에 재우기→다진 소고기, 두부 으깨서 수분 제거 후 양념해 소 만들기→표고버섯에 밀가루 발라 소 얇게 채우기→소 채운 쪽에 밀가루, 달걀물 입혀 약한 불에 5개 지져내기

표고버섯 유장 진간장 1t, 설탕 1/2t, 참기름 1/2t
소 양념 소금 약간, 백설탕 약간, 다진 파 1/2t, 다진 마늘 1/4t, 검은 후춧가루 약간, 깨소금 약간, 참기름 1/2t

생선전

생선 손질 후 3장 뜨기 하기→생선 4.5cm×5.5cm(완성 크기 4cm×5cm) 크기로 포 떠 소금, 흰 후춧가루 뿌리기→물기 제거해 밀가루, 달걀물 입혀 팬에 지지기→접시에 8쪽 담아내기

육원전

두부 곱게 으깨고, 소고기 곱게 다져서 수분 제거 후 양념해 치대기→같은 크기로 6등분해 직경 4.5cm, 두께 0.6cm 6개 만들기(완성작품 크기 지름 4cm 높이 0.7cm)→밀가루, 달걀물 입혀 약한 불에 6개 지지기

소 양념 소금 약간, 설탕 약간, 다진 대파 2t, 다진 마늘 1t, 후춧가루 약간, 깨소금 1/4t, 참기름 1t

두부조림

두부 4.5×3×0.8cm로 8개 잘라 소금을 뿌려 수분 제거하기→대파, 실고추 1.5cm 길이로 채썰어 고명 준비하기→팬에 두부 노릇하게 지지기→양념장 만들기→냄비에 두부 양념장, 물 1/3C 넣어 중불에 조리기→실고추, 대파 채 얹어 뜸들이기→완성그릇에 8개 담고 국물 끼얹기

양념장 간장 1T, 설탕 1t, 다진 파 1/2T, 다진 마늘 1t, 깨소금 1t, 참기름 1t, 후춧가루 약간
고명 파채, 실고추

홍합초

홍합 물에 씻어 털 제거하고, 끓는 물에 살짝 데치기→파 2cm 토막 내고, 마늘, 생강 0.3cm 두께로 편 썰기→잣 다져 고명 준비하기→냄비에 물 4T, 간장 1T, 설탕 2t, 후춧가루 넣고 양념장이 끓으면 홍합 넣어 조리기→편 썬 생강, 마늘과 파 넣고 조리다 마지막에 참기름 넣기→홍합초 윤기나게 조려지면 완성그릇에 담고 촉촉하게 국물을 끼얹고 고명으로 잣가루 얹기

조림장 진간장 1T, 설탕 2t, 물 4T, 후춧가루 약간
고명 잣가루

겨자채

겨잣가루 1T에 따뜻한 물 1T로 개어서 발효시키기→소고기 끓는 물에 넣어 익히기→소고기 식혀서 1×4×0.3cm 썰기→양배추, 오이, 당근 4×1×0.3cm 썰어 찬물에 담그기→밤 편 썰고, 배 4×1×0.3cm 썰어 설탕물에 담그기→달걀은 황·백 지단 부쳐서 1×4cm 썰기→재료 면포로 수분 제거→잣은 고깔 제거→겨자장 만들기→황·백 지단을 제외한 재료에 겨자장 넣고 버무리다가 황·백 지단 넣어 버무려 담고 통잣 얹기

겨자장 발효겨자 1T, 설탕 1T, 식초 2t, 진간장 약간, 소금 약간

도라지생채

도라지 껍질 벗긴 후 6×0.3×0.3cm로 썰어 소금 넣고 주물러 물에 담가 쓴맛 빼기→초고추장 양념장 만들기→도라지 양념장 버무리기

고추장 양념장 고추장 1/2T, 고춧가루 1t, 다진 파 1t, 다진 마늘 1/2t, 설탕 1t, 식초 1t, 깨소금 약간

무생채

무는 6×0.2×0.2cm 길이로 가늘게 채썰기→고운 고춧가루 물들이기→양념장 만들기→제출 직전에 양념장에 버무리기

생채 양념장 소금 1/4t, 다진 파 1t, 다진 마늘 1/2t, 다진 생강 약간, 식초 1t, 설탕 1t, 깨소금 약간

더덕생채

통더덕 껍질 돌려가며 벗기기→더덕 5cm 길이로 자른 후 반으로 갈라 소금물에 절여 쓴맛 제거하기→물기 제거한 더덕 밀대로 밀고 두드려 가늘게 찢기→찢은 더덕 고운 고춧가루 물들이기→생채 양념장 버무려 완성하기

생채 양념장 소금 약간, 다진 파 1/2t, 다진 마늘 1/4t, 설탕 1t, 식초 1t, 깨소금 1/3t

육회

소고기 핏물 제거하기→배 5×0.3cm 채썰어 설탕물에 담그기→마늘 일부는 편 썰고 나머지는 파와 다지기→잣가루 만들기→소고기 0.3× 0.3×6cm로 채썰어 설탕에 재워 키친타월에 수분 제거→양념장에 버무리기→완성접시에 채썬 배 돌려 담고 가운데 양념한 소고기를 올리기→편으로 썬 마늘을 돌리고 육회 가운데 잣가루 고명 올리기

- 소고기 양념 소금 1/3t, 참기름 1/2T, 다진 파 1t, 다진 마늘 1t, 깨소금, 검은 후춧가루 약간
- 고명 잣가루

미나리강회

미나리 다듬어 살짝 데쳐 반 가르기→소고기 삶아 5×1.5×0.3cm로 썰기→홍고추 4×0.5cm로 썰기→황·백 지단 부쳐 5×1.5×0.3cm로 썰기→편육, 백지단, 황지단, 홍고추 순으로 포개어 미나리로 2cm 폭으로 감아 강회 8개 만들기→초고추장 곁들이기

- 초고추장 고추장 1T, 설탕 1t, 식초 1t

탕평채

청포묵 6×0.4×0.4cm 두께로 썰어 데친 후 찬물에 헹구기→숙주, 미나리 다듬어 데치기→청포묵, 숙주, 미나리 소금, 참기름으로 밑간하기→소고기 5×0.25×0.25cm로 채썰어 양념한 후 볶기→달걀 황·백 지단 부쳐 4×0.2cm로 썰고, 김 구워 부수기→초간장 만들기→청포묵 초간장에 버무린 후 소고기, 숙주, 미나리 버무려 그릇에 담아내기→부순 김과 황·백 지단 고명 얹기

- 양념장 진간장 1t, 설탕 약간, 다진 파 1/2t, 다진 마늘 1/4t, 후춧가루 약간, 깨소금 1/4t, 참기름 1/2t
- 초간장 진간장 2t, 백설탕 1t, 식초 1t
- 고명 김, 황·백 지단

잡채

숙주 거두절미해 데쳐 소금, 참기름 간하기→도라지, 오이, 당근, 양파 6cm×0.3×0.3cm로 채썰어 볶기→소고기, 표고버섯 채썰고 목이버섯 먹기 좋은 크기로 찢어 양념해 볶기→황·백 지단 부쳐 4×0.2× 0.2cm 채썰기→당면 삶아 밑간(간장, 설탕, 참기름)하여 볶기→볶아 식힌 모든 재료 양념해 버무리기→고명으로 황·백 지단 얹기

- 소고기 양념 간장 1t, 설탕 1/2t, 다진 파 1/2t, 다진 마늘 1/3t, 후춧가루 약간, 깨소금 1/2t, 참기름 약간
- 표고버섯, 목이버섯 양념 간장 1t, 설탕 1/2t, 참기름 약간
- 당면 양념 간장 1t, 설탕 1t, 참기름 약간
- 고명 황·백 지단

칠절판

밀가루 1/2C, 물 1/2C, 소금 넣어 체에 내려 숙성하기→석이버섯 손질하여 채썰기→오이, 당근 5×0.2×0.2cm로 채썰어 절이기→소고기 6×0.2×0.2cm 채썰어 양념하기→황·백 지단 부쳐 5×0.2cm 채썰고, 밀전병 8cm로 부치기→팬에 오이, 당근, 석이버섯, 소고기 순으로 볶기→접시 중앙에 밀전병 담고 나머지 재료 돌려 담기

`소고기 양념` 진간장 1t, 설탕 1/2t, 다진 파, 다진 마늘, 후춧가루 약간, 깨소금 1/4t, 참기름 1/2t

오징어볶음

오징어 손질해 0.3cm 가로 세로로 칼집 넣어 4.5×2cm로 썰고, 다리는 6cm로 썰기→청·홍고추, 대파 어슷하게 썰고 양파 폭 1cm로 썰기→양념장 만들기→달군 팬에 양파를 볶다가 오징어 넣고 익으면 양념장 넣어 볶기→청·홍고추, 대파 넣어 볶고 마지막 깨소금, 참기름 넣어 마무리하기

`고추장 양념` 고추장 2T, 고춧가루 2t, 진간장 약간, 설탕 1T, 다진 마늘 1/2T, 다진 생강 약간, 검은 후춧가루 약간

배추김치

배추 씻어 물기 빼기→찹쌀 풀 끓이기→무채 썰어 고춧가루 물들이기→대파 4cm로 채 썰고 실파, 갓, 미나리도 4cm로 썰기→마늘, 생강, 새우젓 다지기→찹쌀풀에 고춧가루, 액젓, 마늘, 생강, 새우젓 넣고 양념장 만들기→무채에 양념장, 채소 넣고 소 만들기→소를 배추 줄기 사이사이에 넣고 배추 겉잎으로 감싸 꼭꼭 눌러 담기

`양념장` 찹쌀 풀 3T, 고춧가루 1/4C, 다진 마늘 1T, 다진 생강 1/2t, 새우젓 1T, 멸치액젓 2t, 설탕 12T, 소금 약간

오이소박이

오이 6cm로 썰어 십자로 칼집 넣어 소금물에 절이기→부추 1cm로 썰기→파, 마늘, 생강, 새우젓 곱게 다지기→부추에 고춧가루, 파, 마늘, 생강, 새우젓 넣고 양념장 만들기→오이 씻어 칼집 사이에 소 넣어 완성그릇에 담기→김칫국물 만들어 소박이에 얹기

`양념장` 고춧가루 1T, 물 1T, 새우젓 1t, 대파 2t, 마늘 1t, 다진 생강 약간

test

합격비법
모의시험

장국죽·육원전 (시험시간 50분)

	장국죽(30분)	육원전(20분)
1	소고기는 키친타월에 싸서 수분 제거하기	
2	쌀 씻어 체에 밭쳐 수분 제거하기	
3	소고기는 곱게 다져 키친타월에 싸서 수분 제거하기	
4	표고버섯 3×0.3×0.3cm로 채썰기	
5	파, 마늘 곱게 다져서 일부는 간장 1작은술, 후춧가루, 깨소금, 참기름 넣고 양념장 만들어 소고기(20g), 표고버섯 각각 양념하기	
6	쌀 비닐봉지에 넣어 방망이로 밀어 싸라기 만들기	
7	냄비에 참기름 넣고 소고기 볶다가 표고버섯, 싸라기 순으로 볶다가 물 3컵 붓고 가끔 저어가며 끓이기	
8		두부 수분을 제거하여 곱게 으깨기
9		소고기(70g), 두부에 소금, 설탕, 파, 마늘, 후춧가루, 참기름 넣고 양념하여 치대기
10		지름 4.5cm 높이 0.6cm로 육원전 만들어 밀가루 입히기
11		달걀노른자에 흰자 1큰 술, 소금 약간 넣고 풀어 달걀물 만들기
12	쌀알이 퍼지고 농도가 맞으면 국간장으로 색을 맞춘 다음 완성그릇에 담기	
13		팬에 기름을 두르고 육원전에 달걀물 입혀서 지져 완성 그릇에 담기

 ❶ 소고기 수분을 빼면 다지기 쉽다.
❷ 죽을 먼저 끓이면서 육원전을 준비하면 시간을 단축할 수 있다.
❸ 죽을 일찍 완성하면 조금 묽게 끓여 완성그릇에 담아 놓는다.

더덕구이 · 두부조림 (시험시간 55분)

	더덕구이(30분)	두부조림(25분)
1	더덕을 깨끗이 씻어 돌려가며 껍질을 벗기기	
2	길이 5cm로 썰어 반으로 쪼갠 후 소금물에 담가 쓴맛 제거하기	
3		두부 4.5×3×0.8cm로 썰어 면포에 놓고 수분 제거 후 소금 뿌리기
4	파 일부는 1.5cm로 채썰고 파, 마늘 곱게 다져서 일부는 간장 1큰술, 설탕 1작은술, 후춧가루, 깨소금, 참기름 넣고 두부조림 양념장 만들기	
5		팬에 식용유 두르고 두부 노릇하게 지지기
6		냄비에 두부 편 놓고 양념장 얹고 물 1/3컵 넣어 조리기
7	더덕은 수분 제거하여 방망이로 밀어 간장 약간, 참기름 1큰술을 섞어 발라서 재워 석쇠에 굽기	
8		실고추 1.5cm로 썰어 파채와 같이 두부에 고명으로 얹어 뜸 들여서 그릇에 담기
9	고추장, 설탕, 파, 마늘, 깨소금 넣고 양념장 만들어 더덕에 발라 석쇠에 구워 그릇에 담기	

Tip
1. 더덕부터 절여서 해야 잘 찢어진다.
2. 생채 종류는 미리 준비하고 나중에 무쳐야 물이 덜 생긴다.
3. 두부는 수분을 잘 제거해야 노릇하게 잘 구워진다.
4. 두부는 조릴 때 양념을 끼얹으면서 조려야 윤이 난다.

완자탕·풋고추전 (시험시간 55분)

	완자탕(30분)	풋고추전(25분)
1	소고기(사태20g), 물 3컵, 파, 마늘 넣고 육수 끓이기	
2	파, 마늘 곱게 다지기	
3	육수 면포에 내려 국간장, 소금으로 간하기	
4		풋고추 반으로 갈라 씨 제거하여 5cm로 자르기
5		냄비에 물 넣고 끓으면 소금 넣고 풋고추 데쳐 헹궈 안쪽에 밀가루 뿌리기
6	소고기 힘줄, 기름 제거하여 곱게 다지고, 두부 곱게 으깬 다음 면포에 싸서 꼭 짜서 수분 제거	
7	⑥에 소금, 설탕, 파, 마늘, 후춧가루, 깨소금, 참기름 넣고 끈기있게 치대기	
8	④ 완자탕용 지름 3cm 크기로 6개 빚어 놓고 나머지 풋고추 안쪽에 넣기	
9	달걀노른자 흰자 각각 1큰술씩 지단 부쳐 마름모꼴로 썰기	
10	완자는 밀가루에 굴리고 달걀노른자 입혀 팬에 굴려 키친타월에 기름기 제거	
11		풋고추 고기 쪽에 밀가루, 달걀 묻혀 팬에 지져 담기
12	육수 끓으면 완자 넣고 약한 불에 끓여 완자가 뜨면 그릇에 담고 황·백지단 올리기	

 ❶ 육수부터 올리고 재료 손질하기.
❷ 고기와 두부 양이 많을 때는 소고기 면포에 펴놓고 두부 안쪽에 넣고 꼭 짜면 면포에 달라붙지 않고 시간을 단축할 수 있다.
❸ 완자탕은 약한 불에서 끓이고, 오래 끓이지 않아야 국물이 맑고, 완자의 달걀이 덜 벗겨진다.

두부젓국찌개·생선양념구이 (시험시간 50분)

	두부젓국찌개(20분)	생선양념구이(30분)
1	냄비에 물 2컵 넣고 끓이기	
2		조기는 지느러미, 비늘, 아가미, 내장을 제거하고 씻어 2cm 간격으로 칼집 넣어 소금에 절이기
3	두부 3×2×1cm로 썰기	
4	굴 소금물에 씻어 체에 밭치기	
5	실파 3cm 길이로 썰고 마늘 다지기	
6	홍고추 3×0.5cm로 썰고 새우젓 다져서 면포에 짜기	
7	냄비에 소금 약간 넣고 두부 넣고 끓으면, 굴 넣고 약한 불에서 끓이기	
8	⑦에 새우젓 국물 넣고 실파, 홍고추, 다진 마늘, 참기름 넣어 담기	
9		대파, 마늘 곱게 다져서 고추장, 설탕, 후춧가루, 깨소금, 참기름 넣고 양념장 만들기
10		조기 씻어 수분 제거 후 간장, 참기름에 재워 석쇠에 식용유 바르고 애벌로 굽기
11		애벌구이한 조기에 양념장 발라 석쇠에 굽기
12		접시에 머리는 왼쪽, 꼬리는 오른쪽, 배가 앞쪽으로 보이게 담기

 ❶ 두부젓국찌개는 약한 불에서 살짝 끓여 국물이 맑게 끓인다.
❷ 참기름 1~2방울만 넣는다.
❸ 조기는 잘 절이고 수분을 잘 제거해야 덜 부서진다.
❹ 석쇠에 식용유를 잘 바르고 예열해서 구워야 조기가 잘 떨어진다.

더덕생채·제육구이 (시험시간 50분)

	더덕생채(20분)	제육구이(30분)
1	더덕을 깨끗이 씻어 돌려가며 껍질을 벗기기	
2	반으로 쪼갠 다음 소금물에 담가 쓴맛 빼기	
3		돼지고기 4.5×5.5×0.3cm로 썰어 칼등으로 두드려 연육한다
4	파, 마늘, 생강 곱게 다져서 일부는 고추장, 간장, 설탕, 후춧가루, 깨소금, 참기름 넣고 제육구이 양념장 만들기	
5		돼지고기 제육 양념장에 재우기
6		석쇠에 기름 바르고 돼지고기 0.3cm 겹치게 놓고 구워 접시에 담기
7	더덕 수분 제거하고 방망이로 밀어 가늘게 찢어 고춧가루 물 들이기	
8	더덕에 설탕, 파, 마늘, 식초, 깨소금 넣고 무쳐 담기	

 ❶ 고기는 구우면 줄어서 석쇠에 겹치고 구워야 가장자리가 덜 탄다.
❷ 생채 종류는 미리 준비하고 나중에 무쳐야 물이 덜 생긴다.

생선전·콩나물밥 (시험시간 55분)

	생선전(25분)	콩나물밥(30분)
1		소고기는 키친타월에 싸서 핏물 수분 제거
2		콩나물 꼬리 떼고, 씻어 체에 밭쳐 수분 제거
3		소고기 길이로 가늘게 채썰기
4		파, 마늘 곱게 다져서 간장 1/2 작은 술, 참기름 넣고 양념장 만들어 고기에 양념하기
5		쌀 씻어 체에 밭쳐 쌀과 물을 동량으로 냄비에 담고 콩나물, 소고기는 가닥가닥 떼어 올려 중불에 끓이기
6	동태 지느러미, 비늘, 내장 제거하여 3장 포 뜨기	
7	동태 껍질 벗겨 수분 제거	
8	동태 4.5 5.5×0.3cm로 포 뜬 후 소금, 후춧가루 뿌리기	
9		밥 끓으면 약한 불에서 7~8분 끓여 불 끄고 3분 뜸들인 후 그릇에 담기
10	동태에 밀가루, 달걀물 입혀 팬에 지져서 접시에 담기	

 Tip
❶ 소고기 핏물을 잘 제거하고 간장을 조금 사용해야 밥 색이 깨끗해 보인다.
❷ 양념장에 설탕, 깨소금을 절대 사용하지 않는다.
❸ 동태는 수분을 잘 제거해야 덜 부서지고 8개 개수를 꼭 맞추어 제출한다.

잡채·도라지생채 (시험시간 50분)

	잡채(35분)	도라지생채(15분)
1	냄비에 데칠 물 올려놓기	
2	당면 따뜻한 물에 불리기	
3	숙주는 거두절미하고, 데쳐서 헹궈 소금, 참기름에 묻히기	
4	도라지 껍질 벗겨 6×0.3×0.3cm로 채썰어 소금 넣고 주물러 물에 담가 쓴맛 제거	
5	파, 마늘 곱게 다져서 간장, 설탕, 파, 마늘, 후춧가루, 깨소금, 참기름 넣고 소고기, 표고, 목이버섯 양념장 만들고, 고추장, 설탕, 식초, 파, 마늘, 깨소금 넣고 초고추장 양념장 만들기	
6	당근, 양파, 오이 6×0.3×0.3cm로 채썰기	
7	오이 소금에 절여 수분 제거	
8	소고기, 표고버섯 6×0.3×0.3cm로 채썰어 양념하기	
9	목이버섯은 먹기 좋은 크기로 찢어 양념하기	
10	당면은 끓는 물에 삶아 익으면 헹군 다음 간장, 설탕, 참기름에 무치기	
11	황·백 지단 부쳐서 4×0.2×0.2cm로 썰기	
12	도라지 1/4, 양파, 오이, 당근, 당면, 목이버섯, 표고버섯, 소고기 순서로 각각 볶기	
13	⑫에 깨소금, 참기름 넣고 무쳐 그릇에 담아 황·백 지단 얹기	
		도라지 3/4에 초고추장 양념으로 무쳐 그릇에 담기

Tip
❶ 잡채는 지단 부쳐 놓고 도라지, 양파, 오이, 당근, 당면, 목이버섯, 표고버섯, 소고기 순서로 볶으면 시간을 단축할 수 있다.
❷ 도라지생채는 미리 무치면 물이 생기므로 제출 직전에 무친다

지짐누름적·북어구이 (시험시간 55분)

	지짐누름적(35분)	북어구이(20분)
1	냄비에 물 올려놓기	
2		북어 물에 담가 불리기
3	도라지, 당근 껍질 벗겨 6×1×0.6cm로 썰어 소금 넣고 데치기	
4	소고기 8×1×0.5cm로 썰어 연육하기	
5	표고버섯 6×1×0.6cm로 썰기	
6	쪽파 6cm 길이로 썰어 소금, 참기름에 무치기	
7	파, 마늘 곱게 다져서 간장, 설탕, 파, 마늘, 후춧가루, 깨소금, 참기름 넣고 소고기, 표고버섯 양념장 만들고 고추장, 설탕, 파, 마늘, 후춧가루, 깨소금, 참기름 넣고 고추장 양념장 만들기	
8	소고기, 표고버섯 양념장에 재우기	
9	팬에 식용유 넣고 도라지 당근 소고기 표고버섯 순서로 익히기	
10	산적 꼬치에 당근, 소고기, 쪽파, 표고버섯, 도라지 끼우기	
11	뒷면에 밀가루 묻히고 달걀 입혀 팬에 지진 다음 꼬치 빼서 담기	
12		북어 손질하여 6cm 길이로 썰어 칼집을 넣어 간장 1작은술, 참기름 1큰술에 재워 석쇠에 굽기
13		북어에 고추장 양념장 발라 석쇠에 구워 담기

Tip ❶ 지짐누름적의 소고기는 익으면 길이가 줄어드니 요구 사항보다 길게 썰어 연육을 잘한다.
❷ 지짐누름적 재료는 길이 6cm 넓이 1cm로 일정하게 만든다.

미나리강회·표고전 (시험시간 55분)

	미나리강회(35분)	표고전(20분)
1	냄비에 데칠 물을 올려놓기	
2		소고기 30g 키친타월에 싸서 핏물 제거
3	미나리 다듬어 살짝 데쳐 반 가르기	
4	미나리 데친 물에 소고기(80g) 삶아 5×1.5×0.3cm로 썰기	
5	홍고추 4×0.5cm로 썰기	
6	황·백 지단 부쳐 5×1.5×0.3cm로 썰기	
7	편육, 백지단, 황 지단, 홍고추 순으로 포개어 미나리로 2cm 폭으로 감아 강회 8개 만들어 그릇에 담기	
8		불린 표고버섯 기둥과 수분 제거하여 유장에 재우기
9		다진 소고기, 두부 으깨서 수분 제거 후 양념해 소 만들기
10		표고버섯에 밀가루 발라 소 얇게 채우기
11		소 채운 쪽에 밀가루, 달걀물 입혀 약한 불에 5개 지져내기
12	고추장 1T, 설탕 1t, 식초 1t 넣어 초고추장 만들어 내기	

 ❶ 미나리강회에 소고기 크기가 작으면 방망이로 밀면 크게 된다.
❷ 황·백 지단 부칠 때 5×1.5×0.3cm로 8개 썰 수 있는 크기를 고려하여 부친다.
❸ 미나리강회는 나중에 감으면 손이 떨릴 수 있으므로 중간에 말아 놓고 전을 부치면서 초고추장을 만들면 시간을 단축할 수 있다.

탕평채 · 홍합초 (시험시간 55분)

	탕평채(35분)	홍합초(20분)
1	냄비에 데칠 물 올려놓기	
2	청포묵 6×0.4×0.4cm로 채썰어 데쳐 헹구기	
3	숙주 거두절미하여 데쳐 헹구기	
4	미나리 다듬어 데쳐 헹구어 4cm로 썰기	
5	청포묵, 숙주, 미나리, 소금, 참기름에 무치기	
6	일부 마늘과 생강 편 썰고 대파 2cm로 썰고 나머지 마늘, 대파 다져서 간장, 설탕, 후춧가루, 깨소금, 참기름 넣고 소고기 양념장 만들기	
7	황·백 지단 부쳐서 4×0.2×0.2cm로 썰기	
8	소고기 5×0.25×0.25cm로 채썰어 양념하여 볶기	
9		홍합 족사를 제거하여 씻어 소금물에 데치기
10		진간장, 설탕, 물 넣고 끓으면 홍합 넣고 조리기
11		편 썰은 마늘, 생강, 대파(2cm) 넣고 조리다가 후춧가루, 참기름 넣고 윤기나게 완성하여 그릇에 담기
12		잣 다져서 고명 얹기
13	김 구워 부수기	
14	간장 2작은술, 설탕 1작은술, 식초 1작은술 넣고 초간장 만들어 청포묵에 조금씩 색을 맞추어 묻히기	
25	청포묵에 준비한 재료 넣고 무쳐 그릇에 담고 김가루 얹고 황·백 지단 얹기	

Tip
1. 청포묵은 데치면 굵어지므로 요구 사항보다 가늘게 썬다.
2. 소고기는 볶으면 길이는 짧아지고 굵어진다.
3. 탕평채는 식초와 간장을 넣어 무쳐서 색이 변할 수 있으므로 준비하였다가 나중에 무친다.
4. 홍합초는 저어주면서 윤이 나게 조린다.

저자소개

• 임인숙 •

조리기능장, 전통음식대가인증, 한식조리명인
현 : 중부여성 발전센터 조리과 강사
현 : 조리기능장, 조리산업기사 시험 감독위원
현 : 한식, 양식, 중식, 일식, 복어 조리기능사 시험 감독위원
현 : 조리기능장 한식인터넷 강의(경록쿡 메뉴 139가지)
현 : 조리기능장 복어 강의 (경록쿡 메뉴 11가지)
현 : 조리기능장 중식 강의 (경록쿡 메뉴 60가지)
전 : 백석문화대학 외래교수
전 : 성신여자대학 외래교수
전 : 오산대학 평생교육원 발효식품 강의
SBS KBS, EBS 방송 다수 출연
김치교육지도사
약용식물자원관리사
건강식이 교육지도사
발효효소 교육지도사

[수상이력]
2005년 세계음식박람회전통요리부분 금상
2013년 문화체육부장관상
2013년 농림축산식품부장관상
2016년 식품의약품안전처장상
2016년 서울시장상
2017년 국회의장상
2018년 농림축산식품부장관상

[저서]
조리기능장 한식 실기 / 경록
조리한식산업기사 / 경록
조리산업기사 양식, 중식, 일식, 복어 / 경록
한식조리기능사 실기 / 경록
한식조리기능사 필기 / 경록
양식조리기능사 실기 / 경록
중식기능사 실기 / 경록
일식, 복어 조리기능사 실기 / 경록
떡제조기능사 / 경록
천연조미료와 스마트저염식으로 만드는 어린이식단 / 크라운출판사

• 최미숙 •

후암동 주민센터 요리강의
중계사회종합복지관 요리강의
한식, 중식, 일식, 양식, 복어 조리기능사 외 다수 자격증 보유

[수상이력]
2017년 대한민국 국제요리 & 제과 경연대회 보건복지부장관상
2018년 한국음식 맛체험 박람회 요리경연대회 전통음식분야 농림축산식품부장관상

• 전언희 •

[자격증]
조리기능장, 한식, 양식, 일식, 중식, 복어, 제과, 제빵기능사, 케이크디자이너, 커피바리스타 1·2급

[근무처]
(현) 하남시 종합사회복지관 요리강사
　　　송파구청 문정요리교실 요리강사
　　　용산꿈나무종합타운

[수상이력]
2016년 제4회 한식의 날 기념 한국식문화대축제 은상
2017년 한국음식 맛체험 박람회 요리경연대회 식품의약품안전 처장상
2018년 한국음식 세계화 맛체험 요리경연대회 농림축산식품부 장관상

• 이희정 •

경희대학교 관광대학원 조리외식 석사
서울시 중부기술교육원 조리외식과 주임교수
조리기능사(한식, 일식) 실기검정 감독위원

• 오수진 •

숙명여자대학교 전통문화예술대학원 전통식생활문화 석사
조리기능장
청강문화산업대학교 푸드스쿨식품영양학과 외래교수